Rathjen · Great American Novels

Friedhelm Rathjen

Great American Novels

Fünfzehn Studien und Miszellen zur amerikanischen Literatur der Moderne und Nachmoderne

2024

rejoyce pocket
rjp 17

Bibliografische Information der Deutschen Bibliothek:

Die Deutsche Bibliothek verzeichnet diese Publikation in der Deutschen Nationalbibliografie; detaillierte bibliografische Daten sind im Internet über <www.dnb.de> abrufbar.

EDITION ReJOYCE Südwesthörn 2024
rejoyce@gmx.de
Satz, Titelfoto und Umschlaggestaltung: Friedhelm Rathjen
Herstellung: Books on Demand GmbH, Norderstedt
ISBN 978-3-947261-50-5

Inhalt

Amerikanischer Aufbruch
Lektürebericht zu
Gertrude Stein: *The Making of Americans*[*]

Gewiß wäre es ein falsches Veständnis von Literatur, wollte man ihr als Meßlatte die Eintragbarkeit ins *Guinness Book of Records* anhalten; quantifizierbar ist literarische Leistung in aller Regel nicht. Freilich gibt es Ausnahmen, in jüngerer Zeit beispielsweise Hartmut Geerkens umfängliches Buch *mappa*, in dem der Autor „über die quantität als einzige alternative zur qualität" nicht nur nachsinnt, sondern seinem „oberflächen & quantitätsmanifest" auch gleich zur Umsetzung in Form eines ziegelsteinhaften Buchklotzes verhilft. So wie Geerkens Werk zeigt auch – um nur ein (allerdings nicht beliebiges) Beispiel zu nennen – das Großepos *Dessen Sprache du nicht verstehst* von Marianne Fritz in der Lektüre, daß manche Schreibformen ganz einfach die Langstrecke brauchen, um den Leser in den Mahlstrom ihrer Wirkung hineinziehen zu können. Und gemeint sind hier keineswegs die ausladenden Spielformen traditionellen Erzählens in den Niederungen breiter Epik: dem kursierenden Vorurteil, avanciertere oder gar experimentelle Schreibweisen ließen sich nur in kleinen Häppchen und mit dem rückversichernden Blick aufs nahende Ende überstehen, ist entgegenzuhalten, daß gerade scheinbar ungeordnete, scheinbar abweisende Experimentalprosa oftmals den langen Atem eines umfangreichen Buches

---

[*] Mit parenthetischer Seitenangabe im Text zitiere ich Gertrude Stein, *The Making of Americans. Geschichte vom Werdegang einer Familie*, üb. v. Lilian Faschinger u. Thomas Priebsch (Klagenfurt: Ritter 1989).

braucht, um die ihr eigenen Ordnungssysteme (gegebenenfalls freilich auch deren tatsächliches Ausbleiben) preiszugeben und den Leser einzufangen.

In einem bestimmten Sinne kann literarische Quantität durchaus bereits literarische Qualität sein – wenngleich eine, die nicht die einzige bleiben darf, wo sie hinreichend sein will. Wenn das Joycesche Spätwerk *Finnegans Wake* die weitaus größte Zahl von Neologismen aufbietet, die sich jemals zwischen den Deckeln eines einzigen Buches versammelt hat, so ist dies schon eine ästhetische Qualität des Romans (und nicht umsonst hat *Finnegans Wake* „den voluminösen schmidt“[1] dazu angestachelt, als vermeintlichen Beweis der eigenen Überlegenheit ein Werk auf den Markt zu bringen, dessen Größe und Gewichtigkeit sich zuvorderst in Seitenzahlen und Kilogramm ausdrücken lassen, nämlich den Koloß *Zettel's Traum*); eine ästhetische Aussage ist es auch, wenn wir Matthias Politycki zum Weltmeister im Herstellen unbedruckter Romanseiten küren (in seinem ebenfalls schwergewichtigen Roman *AusFälle* besteht ein Kapitel ganz und der Rest zur Hälfte aus weißen Seiten).

Eine andere Frage, der ein literarisches *Guinness Book of Records* nachzugehen hätte, wäre jene danach, wieviele Menschenschicksale sich in einem einzigen Roman erschöpfend abhandeln lassen. Wer für diese Rubrik einen Eintrag vorschlagen möchte, ohne Gertrude *Steins The Making of Americans* geprüft zu haben, greift mit seiner Antwort ohne Zweifel viel zu tief: dieser Roman steht nämlich unter dringendem Rekordverdacht, und die gesuchte Zahl dürfte mit der der Weltbevölkerung – nicht der gegenwärtigen, sondern der aller Zeiten – ziemlich identisch sein. Gertrude Stein faßte die Idee, die hinter

---

1 Hartmut Geerken, *mappa* (Sprenge: Klaus Ramm 1988), S. 285.

The Making of Americans steht, lange nach Beendigung des Romans so zusammen:

> [...] ich wollte herausfinden ob man eine Geschichte der ganzen Welt machen könnte, ob man die ganze Lebensgeschichte von jedem auf der Welt kennen könnte, ihre schwachen Ähnlichkeiten und Unähnlichkeiten. Ich machte riesige Diagramme, und ich versuchte diese Diagramme auszuführen [...]. Ich kam an den Punkt wo ich nicht mehr wußte, ob ich Menschen kannte oder nicht. Ich machte so viele Diagramme daß ich mich fragte, wenn ich durch die Straßen von Paris ging ob ich die Leute kannte oder nicht. Das ist es was *The Making of Americans* sein sollte. Ich wollte eine Beschreibung von jeder Art menschlichem Wesen machen bis ich durch diese Variationen wissen konnte wie jedermann zu kennen war. Dann überkam mich starkes Interesse an dieser Sache, und ich schrieb neunhundert Seiten, und ich kam zu dem logischen Schluß daß diese Sache machbar war. Jeder, der Geduld genug hat könnte tatsächlich und gänzlich eine Geschichte der menschlichen Natur der ganzen Welt schreiben. Als ich fand, daß es machbar war, verlor ich das Interesse daran.[2]

Ob der Roman tatsächlich ein Fragment ist, wie diese etwas ironischen Zeilen nahelegen, läßt sich mit Fug bezweifeln; unübersehbar ist aber der Experimentalcharakter des ganzen Unterfangens, das Herausfinden-Wollen, und unweifelhaft ist, daß die Autorin am Ende des Buches zu Möglichkeiten des Schreibens vorstößt, die ihr an seinem Beginn noch nicht zu Gebote stehen. Das

---

[2] Gertrude Stein, *How Writing is Written*, zitiert nach Renate Stendhal (Hg. u. Übers.), *Gertrude Stein. Ein Leben in Bildern und Texten* (Zürich: Arche 1989), S. 62f.

Ende ist keineswegs einfach ein Abbrechen der Schreibmühsal aus Gründen verebbten Interesses; das Ende ist die Demonstration ganz neuer Prosasysteme, die die „Geschichte der ganzen Welt“ in ein Schreiben jenseits der Welt-Geschichten münden lassen. So wachsen schließlich Machbarkeiten empor, die das, was herausgefunden werden soll, unter sich zurücklassen.

Den Ausgangspunkt bildet eine etwas bescheidenere Problemstellung: am Anfang nämlich finden sich tatsächlich Ansätze zu jener – idealtypischen – „Geschichte vom Werdegang einer Familie“, als die der Roman im Untertitel benannt wird. Entworfen werden amerikanische Genealogien, die über zwei Vorfahrengenerationen nach Europa finden – die relative Kürze einer Familiengeschichte in der Neuen Welt ermöglicht eine Totalität der Darstellung, wie sie der Erzählstimme spürbar Freude bereitet:

> Es ist mir immer als ein seltenes Privileg erschienen, dies, ein Amerikaner zu sein, ein echter Amerikaner, einer, dessen Tradition in kaum sechzig Jahren erschaffen werden konnte. Wir müssen nur unsere Eltern erkennen, uns an unsere Großeltern erinnern und uns selbst kennen und unsere Geschichte ist vollständig.
>
> Die alten Menschen in einer neuen Welt, die neuen Menschen die aus den alten gemacht sind, das ist die Geschichte die ich erzählen möchte, denn das ist was wirklich ist und was ich wirklich weiß. (9)

Dies aber, es sei wiederholt, ist nur das Sprungbrett für das, was sehr bald folgt; das, was die Romanstimme „wirklich weiß“, erweitert sie bald um das, was sich durch Reihenbildung und Verlängerung, durch kaleidoskopische Serialisierung im Nach- wie im Nebeneinander erschließen läßt. Rasch offenbaren sich nämlich ganz andere Möglichkeiten zu Vollständigkeit: es zeigt sich, daß die

Individualgeschichte in wandelbaren, aber prinzipiell begrenzten Repetitionsmustern immer gleiche Abläufe repliziert. Auf die Geburt folgt das Leben und schließlich der Tod; im Leben ergeben sich mehr oder minder folgenreiche Beziehungen zu anderen Menschen; das Leben gestaltet sich erfolgreich oder erfolglos oder teils-teils; das Leben pflanzt sich in Kindern fort oder tut es nicht. Zwar treten irgendwann einmal auch gewisse Irritationen im Generationsablauf auf, die die Reibungslosigkeit im konkreten Fall beträchtlich beeinträchtigen können; da ist dann etwa von einer unehelichen Fehlgeburt Bericht zu erstatten oder auch von einer Adoption, die das Manko der Unfruchtbarkeit auszugleichen hat. Freilich lassen sich solche Irritationen, so gravierend sie sich im konkreten Fall auch gestalten mögen, schon mit einem Musterkatalog von vergleichsweise geringer Komplexität in die Bahnen des Üblichen zurückholen. Hebt man die Lebensbeschreibung auf einen Abstraktionsgrad, für den sich alle biographische Individualität in einem mehrdimensionalen Koordinatensystem aus einer Handvoll variabler Eigenschaften und Persönlichkeitsmerkmale bestimmen läßt, so wird der Weg frei zu einer Typologie menschlicher Existenzweisen, die die Grenzen des amerikanisch-gründerzeitlichen Individualitätsverzichts („echte Besonderheit ist bei uns bisher noch ein unbekanntes Erzeugnis“, 59) weit hinter sich lassen und schließlich universelle Gültigkeit beanspruchen kann: „Jeder, jede Art von einem, jede Art von einer, die da leben, jeder hat in sich, jeder hat sein eigenes Sein, jeder, jede Art von ihnen. Ich erfasse das ganze menschliche Sein. Sie sind alle jeder von ihnen sie selbst in ihrem Inneren, jeder ist von einer Art bei Männern und Frauen.“ (560)

In *The Making of Americans* hat Gertrude Stein diesen Abstraktionsgrad, auf dem die Charakterzeichnung zur allseitigen artenkundlichen Bestimmung wird, schnell erreicht, und die Möglichkeiten und Risiken solcher Abstraktionen werden von ihr gründlich exploriert. Das geht so weit, daß die Abstraktionen umschlagen in Konkretionen; die abstrahierenden Sätze werden zu faßbaren Gegenständen, die im romantechnischen Sinne zu handeln beginnen und als Stellvertreter der Figuren fungieren. Nehmen wir ein Beispiel für die beschreibende Prosa dieses Romans:

> Wie ich schon gesagt habe gibt es viele Arten von Männern und es sind viele Millionen von jeder Art von ihnen gemacht. David Hersland der nach Gossols gekommen war um für sich ein großes Vermögen zu machen war von einer Art von ihnen. Er war von der Art von ihnen die das Gefühl haben so groß wie die ganze Welt um sie herum zu sein. Jeder der ihn kannte fühlte es in ihm. [...] Seine Kinder waren, in der Weise wie es fast immer bei Männern ist, seine Kinder waren immer außerhalb von ihm, Teil der Welt die er handhabte, manchmal benützte er sie manchmal fegte er sie vor sich weg, oft kämpfte er mit ihnen und immer ließ er sie fallen oder beherrschte sie. (138f)

Hier wir nichts belegt, ausgemalt oder illustriert; die Sätze setzen sich als eine abstrakte Realität, die als konkrete Dingwelt des Sprachsystems Roman begriffen werden will: die Absicht, ein großes Vermögen machen zu wollen (die später dazu führt, daß tatsächlich ein großes Vermögen gemacht ist), ist eine Eigenschaft David Herslands, die als solche akzeptiert werden muß und wie die Außenbeschreibung einer Nasenlinie oder einer Körperhaltung keine Nachfragen verträgt. Wer nach dem Wie, dem Womit, der konkreten Weise des Vermögen-Machens fragt, vergeht sich an dem Gesetz dieses Sprachsystems, daß eben abstrahierend klingende Sätze bereits konkreteste, unhintergehbare Sprachwirklichkeit sind. Zu den

Gesetzen dieser Steinschen Dingwelt gehört es dann aber auch, daß stets Alternativen vorhanden sind und durchgängig ein vervielfachendes Seinspotential jenseits der jeweils abgerufenen Erscheinungsformen entsteht: der Vater Hersland benützt die Kinder manchmal und fegt sie manchmal vor sich weg; er läßt sie fallen oder beherrscht sie; eine Figur hat eine bestimmte Eigenschaft oder hat sie nicht; jedes beliebige Phänomen ist an jedem beliebigen Punkt des Koordinatensystems entweder vorhanden oder nicht vorhanden.

In solche simplen Oder-Sachverhalte zerlegt Gertrude Stein das menschliche Seinspotential der ganzen Welt. Sie arbeitet im Grund mit hochsubtilen psychologischen Analysen, die sie als eine durchaus meisterliche Schülerin des Psychologen William James zeigen und bei näherem Hinsehen möglicherweise den aufgeplusterten Feinsinnigkeiten von dessen Bruder, dem Edelromancier Henry James, noch den Rang hätten ablaufen können. Diese Steinschen Analysen gehen aber so weit, daß als Grundstoffe nur einige wenige schematische Wortformeln übrigbleiben, die in der repetitiven und perpetuellen sprachlichen Verknüpfung das gesamte Spektrum der Menschenexistenz abdecken. Daß dabei äußerste sprachlich-analytische Vereinfachung und äußerste phänomenale Differenzierung zwei Seiten derselben Medaille sind, zeigt sich im Fortgang des Romans: die auf den ersten Blick so schablonische, so holzschnitthafte Steinsche Prosa dieses Buches enthüllt bei genauerem Hinsehen und auf längere Distanz ein meisterhaftes Graduierungsvermögen. Gertrude Stein legt im vermeintlichen Einheitsbrei ihres quellenden Wörterstroms durchaus Wert auf eine nuancierte Differenzierung, wie ihre auch auf Komik abzielenden Versuche belegen, absolute Begriffe in ein stufenloses Begriffskontinuum zu überführen: „am Anfang vom Ende von seinem mittleren Leben“ (165); „als er begann so ungefähr fast ein junger Mann zu sein" (451); „Das ist ein wenig jetzt sehr interessant" (504).

All das bedeutet, daß die holzschnitthafte Alternative zwischen Ja und Nein, zwischen Präsenz und Absenz in der Steinschen Graduierung wieder aufgeweicht wird und aus dem klar konturierten Schwarzweiß ein Flimmern mit Grautoneffekten entsteht. Dem entspricht es auf unscheinbare Weise, daß Gertrude Stein in ihrer sehr gegenständlichen und gegenwärtigen Weise, die zur Anschauung zu bringenden abstrakten Sachverhalte in konkrete Sprachrealitäten umzusetzen, das Gegenwärtige klammheimlich wieder ausspart. Das – auch grammatisch allgegenwärtige – Präsens der Prosa ist durchzogen von Verweisen sowohl auf das noch zu Schreibende als auch auf das bereits Geschriebene. Da sind zum einen die ständigen Ankündigungen dessen, was folgen soll, die aber dem Leser kaum das Gefühl nehmen können, bereits in diesem Vorhaben drinzustecken:

> Irgendwann werde ich dieses Erzählen vollkommen fühlen und dann werde ich es erzählen, ich hab dieser erzählt daß ich es dann erzählen werde. Diese wird dann nicht wissen daß es diese ist. Das ist das wirklich Schöne bei diesem Schreiben. Irgendwann werde ich alles, alles erzählen. Meist erzähle ich irgend etwas. (642)

Und da sind, als Pendant zu diesen Anrufungen einer nie erreichten und doch stets vorweggenommenen Schreibzukunft, die floskelhaft formalisierten Rückverweise: „Alle drei von den Hersland-Kindern gehörten wie ich schon sagte als sie Kinder waren sehr zum Leben der Leute die in kleinen Häusern in ihrer Nähe lebten" (450). Gerade da, wo Ankündigung und Rückgriff besonders eng zusammenschießen und der Schreibgegenwart in Zeilen gemessen denkbar wenig Raum verbleibt, beginnt aber paradoxerweise diese Schreibgegenwart, alle absenten Zeiten zu verschlucken: ein einziges Verb im Präsens kann die für sich genommen überscharf konturierten Zeitlinien zum Oszillieren bringen und eine zeitlose, überzeitlich gültige Flächigkeit erzeugen, nämlich die Flächigkeit von überdimensionalen Tabellen. In einem Textbeispiel sieht das so aus:

> Das waren also, ein wenig, Beschreibungen von sechs Arten von Sein die Arten der Arten von ihnen sind die Alfred Hersland im Leben war. Wie ich von der Art von Sein die in Alfred Hersland ist sagte gibt es jede Art der Variation. Es wurden nun sehr kurze Beschreibungen von sechs von ihnen gegeben. Nun wird es also Zeit das Leben in Alfred Hersland von seinem Beginnen an wirklich zu schreiben zu beginnen. (596)

Wer nur dieses Zitat liest, muß es für einen kurzen Moment des Innehaltens im Prosafluß halten, für eine Schaltstelle, an der der knapp erinnernde Rückgriff („Das waren also“, „Wie ich [...] schon sagte“; „Es wurden nun“) in einen neuen, ins Zukünftige des Schreibens weisenden Impuls („Nun wird es also Zeit“) umkippt. Das Intrikate freilich ist, daß Gertrude Steins Prosa zu einem beträchtlichen Teil aus solchen innehaltenden Gesten besteht: sie scheint auf der Stelle zu treten, arbeitet sich aber dessen ungeachtet zielstrebig voran. Mittel zum Zweck des Vorankommens ist die Spannung, die zwischen formalisiertem Vor- und ebensolchem Rückgriff liegt, und als Zündfunke genügt dann ein karger, hochabstrakter Aussagesatz im Präsens. In unserem Beispiel lautet er sinnfälligerweise: es gibt jede Art von Variation. Die Variation als graduierendes Prinzip ist das Rückgrat der Steinschen Prosa; ihr entspringt der übermächtige Drang zur Typologisierung ebenso wie der sich dazu komplementär verhaltende zur Individuation.

Gertrude Stein entwirft Typologien von „Arten von Menschen“, die jede Individualität zu schlucken scheinen – und doch läuft das Verfahren am Ende beinahe auf das Gegenteil hinaus. Zwar wird ständig mit eigentlich starren Oppositionen gearbeitet, doch zwischen den paradigmatischen Extremen wird ein Kontinuum von möglichen Mischungsverhältnissen bis hin zum Verwischen der vermeintlich klaren Konturen zugelassen; weitere Mischungszustände entstehen in der Überkreuzrelation mit anderen Oppositionen:

> Alle diese also machen eine Art von zwei Arten aus die es von Frauen gibt, den zwei Arten auch die es also von Männern gibt, und es gibt viele Arten von ihnen von solchen von ihnen viele Stärken in ihnen aus dieser Stärke und Schwäche in ihnen, viele Gemische in ihnen aus der Unabhängigkeit und Abhängigkeit in ihnen, viele Mischungen und manchmal eine Mischung ganz oben in ihnen mit der anderen Art von Natur von manchen Männern und Frauen der abhängig unabhängigen Art in Männern und Frauen aber mehr oder weniger ist es in ihnen in allen von dieser einen Art von ihnen ist es in ihnen unabhängige Abhängigkeit in sich zu haben [...]. (197)

So werden einerseits imaginäre Listen und Tabellen gefüllt, in denen jedes Menschenwesen artenkundlich exakt bestimmt werden kann: „Tabellen von ihnen machen und Listen von ihnen und das Sein in jedem einzelnen und die Beziehung dieses Seins zu anderem Sein in anderen Männern und anderen Frauen erklären“ (673). Andererseits fällt der Einzelne aber dann doch wieder aus dieser Typologie heraus und offenbart gerade innerhalb seiner prinzipiellen Gleichartigkeit mit dem Prototyp winzige Andersartigkeiten:

> Es gibt viele Arten ein Mann zu sein und irgendwann lernt man fast alle von ihnen kennen, es gibt viele Millionen von jeder Art von ihnen, jeder von ihnen ist anders als all die Millionen die genau wie er gemacht sind, das macht aus ihm ein Individuum, das ergibt in manchen von ihnen in ihm ein individuelles Gefühl das er in seinem Innern hat, in manchen von manchen Arten von ihnen ist fast nichts von einem solchen individuellen Sein, vielleicht ist in jedem immer in gewisser Weise etwas von einem solchen individuellen Sein, in allen Männern, in Frauen, und in den Kindern von ihnen. (135)

Die feinen Graduierungen werden aber gerade nicht sprachlich benannt, sondern in der Choreographie der sprachlichen Dingwelt abgebildet. Zwischen den starren Schablonen der Wörter und der Sätze wirken Gravitationskräfte, die Schwebezustände hervorrufen, deren Vorhandensein sich gerade nicht in der Physis des einzelnen Satzkorpus nachweisen läßt, sondern nur in den Fließzuständen zwischen aufeinanderfolgenden Sätzen und auch ganzen Absätzen. Auch hier findet sich ein Grund für den alle Ufer sogenannt ökonomischen Erzählens überschwemmenden Umfang des Romans: Gertrude Stein wählt nicht den geradlinigen Weg, nicht die kürzeste Verbindung zwischen zwei punktuellen Aussagen, da eben dies jene Nuancen, um die es ihr geht, aus dem Text herauskürzen würde; vielmehr repetiert sie eine gegebene sprachliche Beschreibungsformel mit unmerklichen Variationen so lange, bis der Bogen zu einer die erste nicht ersetzenden, sondern ergänzenden zweiten Formel vollendet ist. Gertrude Stein läßt auf diese Weise ihre Prosa organisch wachsen und wuchern, statt eine scharfe, unnötig auf Tempo getrimmte reißbretthafte Trasse durch das Dickicht aller virtuell vorhandenen sprachlichen

Möglichkeiten zu ziehen, und die ins Uferlose weisenden Qualitäten, die der Roman dabei gewinnt, ziehen auch den Leser in den Kampf mit jenem unendlichen Sprachpotential hinein, aus dem Sprachschaffende ihre stets begrenzte Auswahl zu treffen haben.

Fließzustände der genannten Art entstehen vor allem in jenen litaneihaften Abschnitten, die permutierende und variierende Wiederholungsspiele durchexerzieren; solche Abschnitte mehren sich zusehends im Fortgang des Romans, bis sie die zu erzählende Familiengeschichte vollends überlagert und zum Verschwinden gebracht haben. Gertrude Steins exzeßhafte Neigung zur Repetition („Immer mehr und mehr liebe ich Wiederholung“, 331) entspringt zunächst – gewissermaßen mimetisch – der Absicht, die Aufeinanderfolge der Menschengeschlechter getreulich abzubilden, und hinzu tritt die erkenntnistheoretische Beobachtung, daß sich die Welterfahrung und -aneignung des Individuums nicht als singulärer Akt vollzieht, sondern daß sie die Rhythmisierung in der regelmäßigen Wiederkehr braucht: „Wiederholung ist das Ganze des Lebens und durch Wiederholung entsteht Verstehen, und Verstehen ist für manche der wichtigste Teil des Lebens“ (256); „Langsam wird jeder in ständigem Wiederholen, bis zur winzigsten Schattierung, für jemanden deutlicher“ (327). Am Ende aber eröffnet gerade dieses als Abbild von Realität entwickelte Repetitionsprinzip den Weg zur Überwindung des Abbildcharakters von *The Making of Americans*. Das kurze Schlußkapitel – ironischerweise „GESCHICHTE VOM WERDEGANG EINER FAMILIE“ (999) überschrieben, also den Untertitel des gesamten Romans noch einmal zitierend – besteht zur Gänze aus Satzpermutationen und erzählt gerade keine Geschichte mehr. Die Familienmitglieder heißen hier „irgend jemand“, „sehr viele“, „manche“, „irgendeiner“, „jeder“; die durchexerzierten Idealtypen sind nicht mehr die von Menschenexistenzen, sondern die von Sprachschablonen. In diesem Schlußkapitel setzt sich auf extreme und endgültige Weise eine Tendenz fort, die schon zuvor unübersehbar geworden ist: die Geschichte, die schließlich fast lapidar abgehandelt wird, wird verdrängt und nachgerade liquidiert von den Typologien, die sich am Ende aller Verweise auf Objekte außerhalb ihrer selbst entledigen. Im Prozeß des Schreibens, und zwar nicht zufällig in jenem des ausdauernden, des heftefüllenden und bis zur eigenen Erschöpfung vorangetriebenen Schreibens, entdeckt Gertrude Stein die sprachlichen Reduktionsmöglichkeiten, die für ihr weiteres Werk so charakteristisch werden. Paradoxerweise ist gerade ein besonders langwieriger und umfangreicher Selbstversuch der Schreiberin nötig, um sie an den Punkt zu führen, an dem sie reduktionistisch knapp und miniaturistisch kurz mit dem Sprachmaterial umzugehen weiß: typologisch sind die neunzehn Seiten des Schlußkapitels erschöpfender als die 998 vorausgegangenen. Gertrude Stein ist nun in der Lage, Sprachschablonen pur zu inszenieren; nicht umsonst entstehen gerade die komprimiertesten Stein-Texte, nämlich die *Tender Buttons* (*Zarte Knöpfe*), schon bald nach dem Abenteuer des Tausendseiters *The Making of Americans*.

Ist die Verselbständigung der Sprachschablonen eine Leistung, deren Potential sich erst am Ende von *The Making of Americans* freisetzt, so arbeitet Gertrude Stein mit solchen Schablonen aber doch von Beginn an, wobei nur eben die Funktion der Schablonisierung eine dienende ist: es geht um die – zunächst quasi mimetisch sich legitimierende – Konkretion der verbalen Abstrakta. Gertrude Stein bricht mit der schulmeisterlichen Konvention, Sprache habe abwechslungsreich zu sein und Wiederholungen des Ausdrucks zu vermeiden; da in ihrer Romanprosa Worte Dinge sind und abstrakte Sätze konkrete Eigenschaften nicht benennen, sondern vertreten, müssen identische Phänomene auch stets in identischen Sprachhülsen abgerufen werden. Der Wortschatz des überdimensionierten Romans muß spartanisch klein bleiben, damit das einzelne Wort als Konkretum seine Individualrechte durchsetzen kann: „Ein neues Wort in meinem Schreiben zu verwenden ist für mich eine sehr schwierige Sache. Jedes Wort das ich je im Schreiben verwende hat für mich stark existierendes Sein." (611) Um so hervorstechender ist es, wenn im Fortgang des Schreibens dann doch einmal ein neues Wort auftaucht – beispielsweise das Wort „Gelee", da vor der Seite 712 gar nicht und danach nur noch einmal (im Kompositum „Geleemasse", 716) zu finden ist. In der Sprachmasse des schwergewichtigen Romans wird das einzelne Wort beinahe zerrieben, und doch vermag es in Einzelfällen eine hochgradige Individualität aufscheinen zu lassen – auch in dieser Hinsicht spiegeln die Wortexistenzen Menschenexistenz.

The Making of Americans steckt voller Tautologien („Wenn man ein Junger ist ist man ein Junger", 899), Platitüden („Jeder ist jemand", 966) und Binsenweisheiten („Es gibt sehr viele Menschen die am Leben sind", 931), die nichts anderes ausdrücken als die Gründlichkeit und Gewissenhaftigkeit, mit der die Textstimme zu Werke schreitet: sie muß sich immer wieder all ihrer Selbstverständlichkeiten vergewissern. Auch mit dieser Gewissenhaftigkeit hat der Umfang des Romans zu tun, denn zum einen verlängert sie die Sprachkaskaden, zum anderen bedroht aber auch der schiere Umfang das einmal Geschriebene mit dem Vergessen, so daß das gewissenhafte Text-Ich schon deshalb alles Wesentliche (und fast alles ist wesentlich) ständig replizieren muß. Ein anderer Aspekt der erzählerischen Gewissenhaftigkeit ist das bereits vorgestellte System ständiger Rückverweise auf bereits Gesagtes und Ankündigungen des noch Geplanten, und schließlich führt die Gewissenhaftigkeit des Erzählvorgangs dazu, daß die Selbstreflexionen über Sinn und Zweck der ausufernden Übung die in Angriff genommene Geschichte überlagern und oft genug auch verdrängen. Hier trifft sich *The Making of Americans* mit einem anderen singulären Großereignis der Romantradition, nämlich dem *Tristram Shandy* von Laurence Sterne: auch dort nimmt ja der Erzähler sein Vorhaben – nämlich die Autobiographie – so gründlich in Angriff, daß er sich in Umständlichkeiten verliert und an der Tücke der vielen Objekte scheitert. Der *Tristram Shandy* ist ein Buch der pausenlosen Abschweifungen, und das gilt im Grunde auch für den Steinschein Antiroman: so wie Sterne seinem Werk an den Haaren herbeigezogene Kapitel über Backenbärte, über Nasen und über Knopflöcher einfügte, finden sich in *The Making of Americans* gesonderte Abschnitte über das Haben eines zornigen Gefühls (845-857), über das Riechen von Dingen (950), über das Totsein nach dem Leben (579f), in denen der jeweilige Gegenstand in doppelter Hinsicht erschöpfende Behandlung erfährt. Mit den Scheintugenden des Romaneschreibens – Geradlinigkeit, Figurenentwicklung, Logik des Handlungsablaufes – räumt Gertrude Stein mindestens so gründlich auf wie Sterne, und wie der kaum überbietbare Rang des *Tristram Shandy* in der Romantradition erwächst auch der durchaus ebenso einzigartige Rang von *The Making of Americans* daraus, daß eine bestimmte Linie dieser Tradition nicht etwa einfach ignoriert, sondern im Gegenteil mit zuvor ungekannter Gründlichkeit aufgenommen und gerade dadurch schließlich ad absurdum geführt wird.

Freilich hat es bis zum Erkennen dieses Ranges und zum Einzug des Steinschen Romans in die Literaturgeschichte geraume Zeit gebraucht: zwischen 1906 und 1911 entstanden, konnte er erst 1925 im obskuren Pariser Verlag des Joyce-Jüngers Robert McAlmon erscheinen.

Gertrude Stein hat die immensen Probleme, eine Leserschaft zu finden, durchaus vorausgesehen – und an Personen ihrer Umgebung konkret erfahren müssen. Im Roman selbst fällt in diesem Zusammenhang der Begriff der Desillusionierung:

> Desillusionierung im Leben ist das Herausfinden daß niemand mit dir übereinstimmt auch nicht jene die mit dir kämpfen und gekämpft haben. Desillusionierung im Leben ist das Herausfinden daß niemand mit dir übereinstimmt auch nicht jene die für dich kämpfen. Vollkommene Desillusionierung ist wenn du erkennst daß niemand kann denn sie können sich nicht ändern. Das Ausmaß in dem sie übereinstimmen ist wichtig für dich bis das Ausmaß in dem sie nicht mir dir übereinstimmen von dir vollkommen erkannt wird. Dann sagst du du willst für dich selbst und Fremde schreiben, du willst für dich selbst und Fremde sein und das macht dann einen alten Mann oder eine alte Frau aus dir. (551)

Die Desillusionierung über Möglichkeiten und Grenzen der Freundschaft war ohne Zweifel ein starker Schreibantrieb für Gertrude Stein, die, da sie in ihrer persönlichen Umgebung praktisch kein Verständnis fand, sich an den Schreibtisch und in die Illusion von verständnisbereiten fremden Menschen flüchten mußte; gleichzeitig hat – zumindest in den ersten Jahren des Schreibens – diese Desillusionierung aber wohl auch eine Hemmschwelle aufgebaut („Niemand von denen die ich kenne kann es wissen wollen“, 331), die nicht ganz leicht zu überwinden war. Es gibt Passagen in *The Making of Americans*, die etwas von den Schwierigkeiten mitteilen, die Scham des Schreibens zu durchbrechen – Schwierigkeiten, die jeder Schreibende kennt, die angesichts der abstrus scheinenden Steinschen Prosaexperimente aber doch besonders groß gewesen sein dürften. Fragen dieser Art allerdings weisen aus dem Roman heraus auf das Leben Gertrude Steins. Das freilich kein Leben jenseits des Werkes war, sondern von ihr selbst rückhaltlos als Text inszeniert wurde.

Den Gang und die Erlebnisse ihrer Kindheit arrangierte Gertrude Stein im nachhinein in den Texten neu, in *The Making of Americans* ebenso wie in einigen noch sehr viel stärker autobiographisch grundierten späteren Büchern; von ihrem dreißigsten Jahr an wurde das Verfahren vereinfacht: die Vita wurde direkt, im Augenblick des Erlebens, arrangiert. Die Bilder und Zeugnisse der späteren Gertrude Stein mußten nicht mehr zu Texten umgemodelt werden, sondern sind selbst bereits als Bruchstücke eines Lebenstextes jenseits der geschriebenen angelegt: als inszenierte Elemente eines gelebten Subtextes. Daß Gertrude Stein mit dem alle Konventionen sprengenden Subtext ihres Lebens bis heute erfolgreicher geblieben ist als mit ihrem umfangreichen Werk, ist unter diesem Blickwinkel vielleicht sogar verschmerzbar.

Literarische Avantgardisten pflegen gemeinhin in ihrer Klause zu hocken, wogegen billigerweise gar nicht polemisiert werden sollte; Gertrude Stein aber füllte die Klatschspalten der Tagespresse, ließ sich von der First Lady empfangen und ging – nach dem Zweiten Weltkrieg – auf Tournee durch Militärstützpunkte im besetzten Deutschland. Sie war ein frühes Pop-Ereignis, was eben auch Teil ihrer Wirkung ist und zum Steinschen Subtext gehört; dennoch wäre eine behutsame Umlenkung des oft ausschließlichen Interesses an der Pop-Ikone Gertrude Stein auf ihr geschriebenes Werk dringend geboten: es muß darum gehen, die in der Tat wechselseitigen Beziehungen zwischen Leben und Werk greifbar zu machen und doch keine simplifizierende Übertragbarkeit zu suggerieren.

Spürt man solchen Wechselwirkungen nach, so offenbart sich rasch, mit welcher Wucht und Selbstverständlichkeit Gertrude Stein schließlich an ihr eigenes Genie zu glauben und die Schreibscham zu überwinden lernte. In einem Vortrag des Jahres 1935 tarnte sie die geradezu diktatorische Selbstsicherheit, zu der sie öffentlich fand, kokett mit einem rhetorisch ausgereizten Anflug von Toleranz: „Es liegt mir nicht daran zu sagen ob ich größer bin als Shakespeare, und er ist tot und kann nicht sagen ob er größer ist als ich. Die Zeit wirds lehren."[3] Zur Entstehungszeit von *The Making of Americans* ist solche hochgradig übersteigerte Selbstsicherheit offensichtlich noch nicht erreicht; freilich weiß die Textstimme, die sich einmal als „ganz und gar eine Entmutigte" (621) bezeichnet, anderswo schon um die Wege, auf denen Mutlosigkeiten zu egalisieren sind. Mit ironischem Augenzwinkern spielt sie von Zeit zu Zeit den Trumpf ihrer stetig wachsenden sprach- und realitätsschaffenden Allmacht aus: „Ich weiß wirklich sehr viel vom Sein in Männern und Frauen" (389); „das ist jetzt genug und ich habe mich jetzt genug von meiner Weisheit erleichtert" (575); „Ich bin also eine zweifellos in einer Weise eine die alles weiß" (771). Schon im Prozeß der Niederschrift verliert Gertrude Stein die Zweifel am Wert des ganzen Unterfangens, und hier keimt dann doch schon jene Selbstverständlichkeit, mit der die Autorin späterhin ihren Roman und die der Kollegen Proust und Joyce als die „wichtigsten Dinge" betrachtet, „die in dieser Generation geschrieben worden sind"[4] – eine Aussage, an der angesichts der Vehemenz, mit der Gertrude Stein zu jener Zeit bereits die Scham des Schreibens in der Selbststilisierung überwunden hatte,

---

[3] Gertrude Stein, Vortrag an der Wesleyan University, zitiert nach Stendhal, S. 190.

[4] Gertrude Stein, *Was ist englische Literatur*, Vorlesungen, üb. v. Marie-Anne Stiebel (Zürich: Arche 1965/85), S. 136, zitiert nach Stendhal, S. 183.

erstaunen nur das eine kann: daß sie Joyce und Proust überhaupt neben sich gelten läßt.

Daß *The Making of Americans* erst acht Jahrzehnte nach seiner Entstehung auch in deutscher Sprache erschien, hat zweifellos mit jenen Schwierigkeiten der Stein-Rezeption zu tun, die sich erst allmählich abbauen ließen. Auch die Übertragbarkeit dieser Prosa in eine andere Sprache hat allerdings ihre Tücken, denn ein geringer Wortschatz und eine simplizistische Syntax allein machen das Geschäft des Übersetzens noch nicht zu einem leichten. In der deutschen Fassung von Lilian Faschinger und Thomas Priebsch wimmelt es von Anglizismen, die zunächst sehr störend wirken; Wendungen wie „alle von ihnen" (58 u.ö.) oder „das Ertragen von ihm" (63) vermögen einen stilistisch sensiblen Leser durchaus zu verdrießen. Er wird, wenn er sich ein wenig eingelesen hat, aber einsehen müssen, daß sich ohne solch hölzerne Konstruktionen jene Sprachstruktur nicht hätte übertragen lassen, die Gertrude Stein in dem Roman ausbreitet. Gewiß ist es zunächst einmal falsch übersetzt, wenn man aus „the three of them" ein korksiges „die drei von ihnen" macht und aus „some of them" ein „manche von ihnen", doch die vielen „of"-Konstruktionen sind nicht nur zufälliges Produkt der Häufigkeit dieses Wörtchens im Englischen, sondern legen im ganzen Text auch eine Mikrostruktur aus, die sich mit normgerechtem Deutsch nicht retten läßt. Ein Satz wie „Sie kannte den Wert von sich selbst" (67) klingt zwar wie die stupide Wort-für-Wort-Übersetzung[5]

---

5 Eine solche Wort-für-Wort-Übersetzung wäre eine Steinsche Nachkreation par excellence und, so man die genauestmögliche Abbildung der sprachlichen Mikrostruktur als eine Kardinalforderung an Übersetzungen eigengesetzlicher Prosasysteme erkennt, als Übertragungsleistung sicher nicht die schlechteste. Eben deshalb ist die oben zitierte Fassung einer Zentralstelle der Seite 551 der glatteren und eingänglicheren Version, die die als Stein-Übersetzerin auch

eines schlechten Sprachcomputers, würde sich aber in der verbesserten Version „Sie kannte den Wert ihrer selbst“ nicht mehr dem Sprachsystem dieses Romans einfügen. Dies ist das Dilemma der wenig beneidenswerten Übersetzer: daß gerade ihr Bemühen um Präzision, für das sie höchste Anerkennung verdienen, die Grenzen der Übertragbarkeit bloßlegt. Die Textur hält ständig bei Bewußtsein, daß es sich um eine Übersetzung aus dem Englischen handelt und nicht um ein deutschsprachiges Original; allerdings sind die kleinen Irritationen, die sich daraus ergeben, dem Steinschen Sprachkörper höchst angemessen und fügen dem Roman vielleicht sogar eine Dimension hinzu, die nicht ohne Reiz ist. Eigentlich problematisch an der vorliegenden deutschen Fassung ist nur der Titel: er hätte unbedingt auch übersetzt werden müssen, wie sehr er sich auch dagegen sträuben mag.

---

keineswegs ungeschickte Renate Stendhal zu bieten hat, durchaus überlegen. Vgl. Stendhal, S. 66: „Desillusionierung im Leben ist herauszufinden daß einem niemand zustimmt nicht die die mit einem kämpfen und gekämpft haben. Desillusionierung im Leben ist herauszufinden daß einem niemand zustimmt nicht die die für einen kämpfen. Völlige Desillusionierung ist wenn man merkt daß niemand es kann da sie sich nicht ändern können. Das Ausmaß ihrer Zustimmung ist wichtig bis man das Ausmaß dessen dem sie nicht zustimmen voll erkennt. Dann sagt man man wird für sich selbst und Fremde schreiben, man wird für sich selbst und Fremde sein und das dann macht einen zu einem alten Mann oder einer alten Frau.“

Lektürelektionen
Nachwort zu Gertrude Steins Gedichten *Lektionen für Baby*

Gertrude Stein: *Lektionen für Baby.* Texte 1913-19. Herausgegeben und übersetzt von Friedhelm Rathjen
Südwesthörn: Edition ReJoyce 2017

Die Jahre 1913 bis 1919, aus denen die hier versammelte Auswahl an zumeist kürzeren Texten Gertrude Steins stammt, waren für die Autorin wichtige Jahre, auch wenn die Basis ihres Schaffens zuvor schon gelegt war. 1911 hatte sie den Riesenroman *The Making of Americans* beendet, an dem sie seit 1903 gearbeitet hatte; am Ende dieses raumgreifenden Buches hatte sie sprachdestillierend zu minimalistischen Formen gefunden, die sie anschließend in den *Tender Buttons* zur Meisterschaft brachte, die 1914 als ihr zweites Buch (nach den auf eigene Kosten gedruckten *Drei Leben* von 1909) erschienen. In Fortführung der reduktionistischen Impulse aus den *Tender Buttons* probierte Gertrude Stein in den Folgejahren verschiedene Ansätze aus – teils abstrakt-sinnabweisendes Sprechen, teils auch die Verkapselung äußerer Impulse (oft aus ihren eigenen Lebensumständen) in Wortchiffren.

Biographisch sind diese Jahre geprägt durch die endgültige Ablösung von ihrem Bruder Leo. Seit 1903 haben Leo und Gertrude Stein gemeinsam in der Rue de Fleurus in Paris gewohnt und sich eine Reputation als Kunsthändler aufgebaut, dabei Matisse und Picasso und viele andere Künstler kennengelernt. Risse bekommt diese private und professionelle Geschwisterexistenz aber spätestens, als 1909 Alice B. Toklas in die gemeinsame Wohnung einzieht, die Frau, mit der Gertrude Stein fortan ihr Leben teilen wird. Für Leo Stein ist das ein Schock, denn er braucht die ihn anhimmelnde Schwester, dies wohl auch, weil er zu zwischenmenschlichen Beziehungen eigentlich außerstande ist. Als Schüler war er so verklemmt, daß er es nicht über sich brachte, das Wort „Liebe“ auch nur zu schreiben. Panische Angst hat er vor Sex und vor Frauen überhaupt. Der so enge Umgang mit der Schwester beruht offenbar auf einem inneren Mechanismus, der die Beziehung oberflächlich entemotionalisiert. Andererseits korreliert die so ritualisierte Nähe mit Gertrudes früher Erkenntnis, „daß ein jeder eine Welt für sich darstellt“. Wo dann doch Emotionen ins Spiel kommen, werden diese unter dem Mantel der angeblich vorbehaltlosen Offenheit analysiert: zum zwanghaften Rationalisieren neigt nicht nur Leo, sondern ebenso Gertrude, die sich zu Zwecken der systematischen Charakterkunde die (auch intimen) Briefwechsel all ihrer Bekannten zeigen läßt. So werden Freunde zu Versuchspersonen.

Gertrude Steins schriftstellerische Versuche allerdings mißfallen ihrem Bruder seit jeher, und es fällt auf, daß Leo Stein gerade in den Krisenjahren 1913/14 die Texte seiner Schwester mit ähnlichen Formulierungen ablehnt wie die kubistischen Bilder Picassos. Gertrudes „Portrait of Mabel Dodge“ hält er für völlig unverständlich, für „verdammten Unsinn“, und gleichzeitig reagiert er auf die Bilder von Gertrudes Künstlerfreund Picasso mit wachsendem Unverständnis. Als Leo Stein im Herbst 1913 den Entschluß faßt, die gemeinsame Pariser Wohnung zu verlassen und die umfangreiche Kunstsammlung aufzuteilen, hält er sich gerade in Italien auf; Schwester Gertrude erfährt den Entschluß als Gerücht von gemeinsamen Bekannten. Ihr Zorn legt sich nie. Schon während der Umzugsvorbereitungen sprechen die Geschwister nicht mehr miteinander und verhandeln auf dem Umweg über Gertrudes Intimfreundin Alice Toklas. Während der letzten 40 Jahre ihres Lebens schreibt Gertrude keine Zeile mehr an Leo und verweigert jederlei Kontakt. Da Leo fortan in Italien lebt, entschließt sie sich sogar, nie wieder italienischen Boden zu betreten.

Aber auf Reisen anderswohin begibt sie sich, dies stets mit Alice Toklas. Im Sommer 1914 sind sie gerade in England, um einen Verleger für Steins Texte zu finden, als sie vom Ausbruch des Ersten Weltkriegs überrascht werden; erst im Oktober reisen sie heim nach Paris. Im Mai 1915 gehen die beiden nach Spanien, halten sich ein Jahr auf Mallorca auf und kehren erst im Juni 1916 nach der Schlacht von Verdun nach Paris zurück. Gertrude Stein entschließt sich, als Freiwillige für den *American Fund for French Wounded* zu arbeiten, kauft sich dafür ihren ersten Ford, einen Lastentransporter, den sie in Erinnerung an ihre Tante Pauline liebevoll „Auntie" („Tantchen") nennt, wird ab März 1917 in Perpignan und anschließend in Nîmes eingesetzt. Nach dem Waffenstillstand im November 1918 kehren die beiden Frauen kurz nach Paris zurück, bevor sie im Elsaß weitere technische Hilfe leisten. Erst im Mai 1919 nimmt Gertrude Stein ihr Leben in Paris wieder auf und macht in den Folgejahren viele neue Bekanntschaften, darunter Erik Satie, Ford Madox Ford, Sherwood Anderson, Jean Cocteau, später Man Ray und Ernest Hemingway. Im Dezember 1920 sieht sie auf der Straße zufällig zum letzten Mal ihren Bruder, die beiden ignorieren einander schweigend.

Dies also sind die Zeit- und Lebensumstände, vor denen die in unserem Band versammelten Texte entstehen und die auf die eine oder andere Weise darein eingegangen sind, in der Regel in Gestalt eher kryptischer Spuren. Welt- und Geschwisterkrieg sind noch am ehesten zu erkennen; lediglich vermuten läßt sich, daß auch Details der intimen Zweisamkeit des Gespanns Gertrude Stein / Alice Toklas in den Texten versteckt sind – manches klingt doch sehr nach privater Geheimsprache, ohne daß sich dieser Verdacht beweisen ließe. Wichtiger dürften ohnehin die poetologischen Bekundungen sein, die Gertrude Stein in einigen der Texte ebenfalls mitteilt, oft untergründig, immer im Tonfall scheinbarer Naivität, gelegentlich aber auch relativ offen. „Ich mißachte das Nachmachen von Geschichten“, erklärt das lyrische Ich in dem Gedicht „Postkarten“ – diese Texte lösen sich vom narrativen Trieb ebenso ab wie vom Prinzip der *Imitatio*. Text ist Text, ist ein autonomes Selbst: das besagen die Lektionen, die uns hier aufgegeben werden.

Mutter der amerikanischen Moderne
Zu zwei einfachen Texten von Gertrude Stein

Immer noch muß man gerade weibliche Stimmen der literarischen Moderne – Virginia Woolf beispielsweise – gelegentlich gegen den Versuch in Schutz nehmen, ihre Modernität herunterspielen und ihnen eine Sehnsucht nach dem Biographismus des 19. Jahrhunderts diagnostizieren zu wollen. Bei Gertrude Stein, Woolfs großer amerikanischer Kollegin, ist die Sache klarer: sie ist die Modernistin par excellence; sie ist über Jahrzehnte nicht nur modern, sondern avantgarde gewesen, und trotz der geringen und meist abfälligen Beachtung, die ihr zu Lebzeiten geschenkt wurde, ist ihre Bedeutung für die Literatur des 20. Jahrhunderts gewiß größer als die irgendeiner anderen Schriftstellerin.

Man mag versuchen, die Radikalität von Steins Werk auf die Bindungslosigkeit ihrer Person zurückzuführen, auf ihre Außenseiterrolle als Lesbierin oder auch als Amerikanerin im Paris Picassos. Mit diesem Versuch, die Affronthaftigkeit ihrer Schreibweise durch die Rückführung auf simple biographische und gesellschaftliche Mechanismen zu verharmlosen, kommt man freilich – und zum Glück – bei Gertrude Stein nicht weit. Stein will nicht harmlos sein wie alles, was schnell erklärt ist; sie zielt auf künstlerische Radikalität um jeden Preis. Der höchste Grad an Intensität, den Radikalität erreichen kann, ist aber der der kategorischen Negation, und so kann die definitive inhaltliche Forderung auch nur die nach größtmöglicher Inhaltslosigkeit sein.

Die kaum noch zu hintergehenden Reduktionsstrategien Gertrude Steins kommen am deutlichsten in den lyrisch-kurzen Texten zum Ausdruck – so etwa in dem Band

Zarte Knöpfe[1]. Geeigneter als Einführung in die Intentionen ihres Werks ist aber vielleicht Steins Umgang mit vertrauten literarischen Formen, und darum möchte ich hier zwei andere Bücher vorstellen, nämlich *keine keiner* und *Frau Reinelt*.

Avantgarde-Krimi: *keine keiner*

Das schmale Buch *keine keiner*[2] heißt im Untertitel „Kriminalroman"; gibt es ein Genre literarischer Prosa, das schablonischer, starrer ist als der Kriminalroman? Gertrude Steins *keine keiner* ist natürlich alles andere als starr und schablonisch. Stein greift die Topoi des Genres auf, aber vor allem als leere Worthülsen, die überdreht werden. Krimis leben vom Darstellungsmodus der Rekonstruktion, und auch *keine keiner* macht sich diesen Modus zu eigen, doch im Fortgang des Buchs wird nichts klarer und das Fragezeichen immer größer. Ein Mord ist geschehen, natürlich, und das hat Folgen: „wenn eine Mutter tot ist, geheimnisvollerweise tot ist, kann einem Sohn als Rechtsanwalt nicht getraut werden, aber als Koch kann ihm getraut werden, oder als Bruder eines Kochs, oder als Sohn eines Kochs, oder später sogar als Enkel und Vater eines Kochs." Auf diese – typische – Passage folgt ein Absatz aus drei Wörtern: „Verstehen Sie wirklich." Zwar steht kein Fragezeichen dahinter – das Fragezeichen steht ja schon groß genug hinter dem ganzen Buch –, aber selbstredend stellt sich dem Leser genau diese Frage nach dem Verstehen. Der Appell zum Mittüfteln ist im übrigen ja schon durch das Krimigenre vorgegeben, aber bei Stein sieht auch dieser Appell eher

---

[1] Gertrude Stein, *Zarte Knöpfe*, üb. v. Marie-Anne Stiebel u. Mitarb. von Klaus Reichert (Frankfurt a.M.: Suhrkamp 1979). Neuübersetzung als *Zarte knöpft*, üb. v. Barbara Köhler (Frankfurt a.M.: Suhrkamp 2004).

verwirrend aus. „Denken Sie nur an all das“, heißt es unheilschwanger, und dann sogar: „Lesen Sie den Anfang noch einmal.“

Bestürzung ergreift zumindest den geschulten Krimileser, wenn sich herausstellt, daß schon die Prämissen nicht stimmen: „Es gibt auf so viele Arten kein Verbrechen.“ Und die Folgerungen: „Kann keine keiner auf irgendeine einen schließen.“ Wer nach dem Fall sucht oder nach der Story, geht dieser Prosa auf den Leim, denn die Fiktion ist zum hohlen Geklapper mit Versatzstücken geworden, deren potentielle Referentialität auf Wirklichkeit Stein zwar nie ganz verhindern kann, aber doch drastisch zu reduzieren sucht. Aber Gertrude Stein zerstört nicht nur die atavistischen Posen der dichterischen Sprachhandhabung; sie ist doch immer noch verliebt in ihr Werkzeug Sprache. So entstehen unter den Fetzen der Prosa kleine lyrische Melodien, die an die Miniaturen der *Zarten Knöpfe* erinnern – so beispielsweise mein Lieblingskapitel, das achtzehnte, das aus zwei Sätzen besteht: „So dann ist das also so. Nun also weiter.“

Avantgarde-Geschichtsbuch: *Frau Reinelt*

Frau Reinelt, die Titelheldin in Gertrude Steins letztem Roman[3], hat „einen Bruder der immer pfiff. Es machte ihr nicht richtig etwas aus aber sie meinte immer es wäre trübselig.“ Weiter kommt der Bruder in dem ganzen dicken Buch nicht vor, und gerade deshalb muß man doch an Gertrude Steins ambivalentes Verhältnis zu ihrem Bruder Leo denken, der über fast vier Jahrzehnte ihre

---

2 Gertrude Stein, *keine keiner. Ein Kriminalroman*, hg. v. John H. Gill, üb. u. mit einem Vorwort v. Renate Stendhal (Zürich: Arche 1985).

3 Gertrude Stein, *Frau Reinelt (1940-1942)*, üb. v. Klaus Schmirler (Hamburg und Bremen: Achilla 1998).

engste Bezugsperson war, bis er im Frühjahr 1914 spektakulär mit ihr brach. Und wenn wir an Gertrude und Leo Stein denken, denken wir an eine Kindheit, an eine Familie, und das ist nicht ganz falsch. Wir sind bei der Autorin zu Haus, fallen mit der Tür des Textes nicht nur an einen Ort, sondern auch in eine Zeit hinein. So hermetisch viele Texte Gertrude Steins scheinen mögen: auf ihre Weise verraten sie doch oft mehr als alle biographisch-historischen Darstellungen. „Genug gesagt", so lesen wir im zweiten Kapitel von *Frau Reinelt* immer wieder – aber das Sagen, ver- und enthüllend zugleich, geht doch stets weiter.

Frau Reinelt beginnt als typisch Steinscher Text der eher minimalistischen Manier, wandelt sich dann freilich zu etwas ganz anderem. In den ersten Kapiteln lesen wir kurze, oft unverbundene Sätze, die sich in den Erzählraum stellen und unter Einsatz von Permutationstechniken ein binäres Prinzip generieren, wie wir es im Computerzeitalter ja alle kennen. Binär heißt ein Unterscheidungsprinzip, das nur definiert, ob etwas ist oder nicht ist: „Sie mögen später ein Kind haben oder nicht [...] und dann mochte sie seufzen oder sie mochte andererseits auch nicht seufzen."

Gertrude Steins Genie liegt darin, solchen simplen Unterscheidungen geschmeidige Zwischenzustände abgewinnen zu können. Auf einer Seite finden wir zunächst den Einwortabsatz „So.", dann den Zweiwortsatz „Nicht so." Gleich darauf folgt aber ein Dreiwortabsatz: „Nicht so besonders." Mit solchen Tricks hebelt Gertrude Stein ihre eigenen Schematismen aus.

Ähnlich ergeht es dem Binärprinzip, was die Figurenkonstellation betrifft. Einmal im Text installiert, erzeugt Frau Reinelt einen Herrn Reinelt, ihren Mann. Später dann findet sie einen zweiten Gegenpol in der unheilschwangeren Erweckerfigur Angelus Harfenist, die freilich ein eigenes Binärgespann mit einem gewissen Josef Linn bildet. „Schon recht." Dieses ausgewogene duale System gerät aus dem Gleichgewicht, als Josef Linn zur Schimäre wird, Angelus Harfenist dafür in den Vordergrund tritt. Von diesem Zeitpunkt an verändert sich der ganze Roman: aus der Minimal Music Gertrude Steins wird das weiße Rauschen der Geschichte.

Die Verschiebung vom Sprachspiel zum ernsten Spuk beginnt spätestens mit der Reineltschen Erkenntnis, „daß es einen Schlüssel zu Angelus Harfenist gab." Dieser Schlüssel ist schwer zu übersehen: hinter Harfenist und Linn grinsen die Fratzen Hitlers und Stalins hervor, wobei Gertrude Stein im Falle Hitlers sogar biographische Details nachschiebt. „War es so. Ja schon es war so."

So erstaunlich es klingen mag – mit *Frau Reinelt* gibt Gertrude Stein ihre ganz eigene Fassung einer Inneren Emigration im Dritten Reich, in Kunstprosa zwar, aber keineswegs leichthin. „Seufzen ist besonders." Dabei geht es natürlich um Alltag, nicht um Kriegsgeschehen und politische Aktionen. Der größte Teil des Romans ist ein plappernder Schwall von Wiederholungen und Banalitäten, der von Tag zu Tag, von Monat zu Monat und von Jahr zu Jahr nur eines orchestriert: das Warten der Figuren auf den Tod des Despoten. Spannung im herkömmlichen Sinn läßt sich damit nicht erzeugen, doch Gertrude Stein baut einen inneren Druck auf die Magengrube des Lesers auf, der dafür sorgt, daß wir die Lektüre durchhalten mit dem Warten aufs Ende. „Glaubt es oder nicht es ist wahr, einfach wahr?"

Im Epilog behauptet die Autorin: „Es ist an diesem Buch nichts Historisches außer dem Geisteszustand." Dieser Satz läßt sich auf vielerlei Weise verstehen (und mißverstehen); wahr ist zumindest eines: *Frau Reinelt* kommt mit der Wucht einer Gegenwärtigkeit daher, die direkt aufs Sprachzentrum im Hirn zielt.

Rezepte für Gertrude
Biographische Annäherungen

1

Renate Stendhal (Hg.): ***Gertrude Stein. Ein Leben in Bildern und Texten***
Zürich: Arche 1989

Über ihre früheste Kindheit in Wien schrieb Gertrude Stein späterhin: „es gab den ersten Kontakt mit Büchern, mit Bilderbüchern aber jedenfalls Büchern da in Bilderbüchern die Bilder erzählen." Ein Bilderbuch im besten Sinne (und ein exquisites Lesebuch dazu) ist auch Renate Stendhals dokumentarische Collage *Gertrude Stein: Ein Leben in Bildern und Texten*, die jedem Stein-Novizen und jedem bisherigen Stein-Abstinenzler auf besondere Weise einen „ersten Kontakt" mit der Mutter der Moderne ermöglicht. Zwar sind plan autobiographische Annäherungen nie ganz unproblematisch, und wer sich in Bildbänden wie diesem mit der Lebensgeschichte eines Schriftstellers oder einer Schriftstellerin einläßt, wandelt auf einem schmalen Grat zwischen den Gefahren der im Privaten schnüffelnden Ablenkung vom Wortwerk einerseits und der beliebigen, keinen Mehrwert bringenden Textbebilderung andererseits. Die Stein-Übersetzerin Renate Stendhal jedoch meistert diese Gratwanderung sicheren Schritts und mit Bravour, und das hat zwei Gründe. Der erste liegt in ihrer Methode, literarisches und dokumentarisches Material so wohlüberlegt zu verzahnen, daß die gegenseitigen Beziehungen zwischen Leben und Werk greifbar und doch keine simplifizierenden Übertragbarkeiten suggeriert werden; der zweite und entscheidende Grund des Gelingens ist Gertrude Stein selbst und die

Rückhaltlosigkeit, mit der sie ihr Werk lebte und ihr Leben als Text inszenierte. Die Fotos dieses Bandes verraten es: Gertrude Steins Leben war kein ungeformter Stoff, sondern das Produkt gestaltenden Kunstwollens. Der Gang und die Erlebnisse ihrer Kindheit arrangierte Gertrude Stein im nachhinein in den Texten neu; von ihrem 30. Jahr an aber wurde das Verfahren vereinfacht: die Vita wurde direkt, im Augenblick des Erlebens, arrangiert. Die Bilder und Zeugnisse der späteren Gertrude Stein mußten nicht mehr zu Texten umgemodelt werden, sondern sind selbst bereits als Bruchstücke eines Subtextes angelegt: als inszenierte Elemente eines Lebenstextes jenseits der geschriebenen. Daß Gertrude Stein mit dem alle Konventionen sprengenden Subtext ihres Lebens bis heute erfolgreicher geblieben ist als mit ihrem umfangreichen Werk, ist unter diesem Blickwinkel vielleicht sogar verschmerzbar. Literarische Avantgardisten pflegen gemeinhin in ihrer Klause zu hocken, wogegen auch gar nicht polemisiert werden soll; Gertrude Stein aber füllte die Klatschspalten der Tagespresse, ließ sich von der Präsidentengattin empfangen und ging auf Tournee durch Militärstützpunkte im besetzten Deutschland: sie war ein frühes Pop-Ereignis. Zur unaufdringlichen Umlenkung des Interesses an der Pop-Ikone Gertrude Stein auf ihr Werk ist Renate Stendhals Bilderbuch beinahe ideal: überzeugend in der Konzeption, ambitioniert in der Umsetzung und opulent in der Ausstattung, ist es ein rundum gelungenes Buch zum Leben zum Buch.

2

Brenda Wineapple: *Schwester Bruder. Gertrude und Leo Stein.* Aus dem Amerikanischen von Roselie und Saskia Bontjes van Beek
Zürich und Hamburg: Arche 1998

Frau Reinelt, die Titelheldin in Gertrude Steins letztem Roman, hat „einen Bruder der immer pfiff. Es machte ihr nicht richtig etwas aus aber sie meinte immer es wäre trübselig." Weiter kommt der Bruder in dem ganzen dicken Buch nicht vor, und gerade deshalb muß man doch an Gertrude Steins ambivalentes Verhältnis zu ihrem Bruder Leo denken, der über fast vier Jahrzehnte ihre engste Bezugsperson war, bis er im Frühjahr 1914 spektakulär mit ihr brach.

Als Leo Stein den Entschluß faßt, die gemeinsame Pariser Wohnung zu verlassen und die umfangreiche Kunstsammlung aufzuteilen, hält er sich gerade in Italien auf; Schwester Gertrude erfährt den Entschluß als Gerücht von gemeinsamen Bekannten. Ihr Zorn legt sich nie. Schon während der Umzugsvorbereitungen sprechen die Geschwister nicht mehr miteinander und verhandeln auf dem Umweg über Gertrudes Intimfreundin Alice Toklas. Während der letzten 40 Jahre ihres Lebens schreibt Gertrude keine Zeile mehr an Leo und verweigert jederlei Kontakt. Da Leo fortan in Italien lebt, entschließt sie sich sogar, nie wieder italienischen Boden zu betreten.

Folgen wir der Darstellung in Brenda Wineapples Doppelbiographie *Schwester Bruder*, so kommt die „zunehmende Entfremdung" erst kurz vor Leos Auszug zum Ausbruch – zumindest erfahren wir aus diesem akribischen Bericht zweier Leben zuvor nichts, was darauf vorbereiten könnte. Wineapple bringt die Entfremdung in den wenigen Zeilen, die sie direkt diesem Thema widmet, mit Leos wachsendem Unverständnis für Gertrudes Freund

Picasso in Zusammenhang (was keine neue These ist), und typisch für Wineapples Buch ist, daß sie dann sofort in seitenlangen kunsttheoretischen Betrachtungen Leos Äußerungen über Picasso erörtert. Eine eigentliche Analyse des Bruchs zwischen den Stein-Geschwistern findet nicht statt, und wir müssen sie uns schon selbst aus dem schier uferlosen Material zusammenreimen, das hier ausgebreitet wird. So fällt etwa auf, daß Leo um 1914 die Texte seiner Schwester mit ähnlichen Formulierungen ablehnt wie die kubistischen Bilder Picassos. Gertrudes „Portrait of Mabel Dodge" hält er für völlig unverständlich, für „verdammten Unsinn" – da streicht Gertrude Leo aus der Familie und stellt sich eine neue zusammen: Picasso wird ihr Wahlbruder.

Wer sich von den vielen langatmigen Exkursen nicht schrecken läßt und Wineapples nicht eben schmalbrüstiges Buch aufmerksam zu Ende liest, wird sich weniger über den Bruch zwischen den Geschwistern wundern als darüber, daß die beiden es geschafft haben, zuvor so lange so eng aneinander zu hängen. Nicht erst als Sammlerpaar in der Pariser Kunstszene werden sie zu „Komplizen"; schon von frühester Kindheit orientiert Gertrude Stein sich stets an dem zwei Jahre älteren Bruder. Sie folgt ihm auf die Universität, in der Lektüre, ins Ausland, versucht immer, ihm nah zu sein und ihm nachzueifern. Leo labt sich an dieser etwas kruden Art von Anerkennung, und das um so mehr, als er selbst eigentlich nichts zustandebringt. Er bricht sein Studium ab (Gertrude hätte ihres um ein Haar abgeschlossen); er kündigt regelmäßig Projekte an, die er nicht realisiert; Wineapple geht sogar soweit, ihn am Ende als „amerikanischen Versager par excellence" zu bezeichnen.

Leo Stein braucht die ihn anhimmelnde Schwester wohl auch, weil er zu zwischenmenschlichen Beziehungen eigentlich außerstande ist. Als Schüler ist er so verklemmt, daß er es nicht über sich bringt, das Wort „Liebe“ auch nur zu schreiben. Panische Angst hat er vor Sex und vor Frauen überhaupt. Der so enge Umgang mit der Schwester beruht offenbar auf einem inneren Mechanismus, der die Beziehung oberflächlich entemotionalisierte. Andererseits korrelierte die so ritualisierte Nähe mit Gertrudes früher Erkenntnis, „daß ein jeder eine Welt für sich darstellt“. Wo dann doch Emotionen ins Spiel kamen, wurden diese unter dem Mantel der angeblich vorbehaltlosen Offenheit analysiert: „zwanghaft zum Rationalisieren“ neigte nicht nur Leo, sondern ebenso Gertrude, die sich zu Zwecken der systematischen Charakterkunde die (auch intimen) Briefwechsel all ihrer Bekannten zeigen ließ. So werden Freunde zu Versuchspersonen.

Brenda Wineapple kann mit einigen Legenden und Fehldeutungen aufräumen. So belegt sie, daß bis kurz vor dem Bruch über alle Kunstkäufe der Steins, auch die Picasso-Ankäufe, maßgeblich Leo entschied – immer noch war er es, der den Ton angab. Nicht zufällig zeigen sich erste Vorboten der Krisis deshalb in dem Moment, in dem der Schwester erstmals etwas gelingt, was Leo noch nicht geschafft hat. 1910 erscheint Gertrude Steins erstes Buch und findet einigen Beifall, während Leo, der außer zwei kleinen Aufsätzen noch nichts veröffentlicht hat, mit Schreibblockaden kämpft, die er erst Jahrzehnte später zu überwinden vermag.

Solche Beispiele Steinscher Beziehungs- und Verhaltensmuster finden sich in Wineapples Buch immer wieder, werden aber an den Rand gedrängt von einem Wust ausgesprochen irrelevanter Informationen, die diesen Band bei aller stilistischen Prägnanz äußerst unanschaulich machen. Ständig wird die Lebensdarstellung unterbrochen von umfänglichen literatur-, kunst- und medizintheoretischen Diskursen, und wenn eine Nebenfigur auftaucht, zählt Wineapple gleich deren Stammbaum über zwei Generationen her. Eine stark gestraffte Fassung hätte ein schärferes Bild von dem Paar, um das es doch geht, zeichnen können. Am schärfsten wird das Bild übrigens immer dann, wenn Brenda Wineapple aus der (zumeist unveröffentlichten) Korrespondenz der Steins zitiert; wünschenswert wäre, daß es einmal eine möglichst umfassende Briefausgabe gibt.

So hermetisch viele Texte Gertrude Steins scheinen mögen: auf ihre Weise verraten sie doch oft mehr als alle Lebensdarstellungen.

3

Janet Malcolm: *Zwei Leben. Gertrude und Alice.* Aus dem Amerikanischen von Chris Hirte
Frankfurt a.M.: Suhrkamp 2008

Über das legendäre Paar Gertrude Stein und Alice B. Toklas haben uns unzählige Publikationen schon soviel erzählt, daß man fast vermuten könnte, das Thema sei erschöpft. „Aber was wissen wir schon?“ fragt Janet Malcolm am Ende ihres Büchleins *Zwei Leben*, und in der Tat kommt auch sie in ihrem Bemühen, offene Fragen zu klären, über Mutmaßungen und Spekulationen selten hinaus. Stein und Toklas haben so erfolgreich daran gearbeitet, eine Fassade des gleichsam öffentlichen Privatlebens aufzubauen, daß das wirklich Private dahinter um so unzugänglicher blieb. Janet Malcolm behilft sich mit einer Art sekundärem Biographismus, indem sie über weite Strecken nicht direkt über das Paar ihres Titels schreibt, sondern über die Versuche einiger wackerer Forscher, Licht in dunkle Ecken zu bringen und überlebenden Zeitzeugen Informationen zu entlocken. Das alles bietet sie in einer etwas planlosen, sehr feuilletonistischen Melange dar, in der vieles unangemessen verkürzt, anderes ärgerlich verschwafelt wird, und dies wohl auch, weil die Autorin von Steins avancierteren Texten (sie nennt sie „abstrus“, „ungenießbar“, eine „experimentelle Ödnis“) überfordert ist. Für Stein-Fans ist dieser Band der zwei, drei mitgeteilten Neuigkeiten wegen (sie betreffen das Überleben im Krieg und das unterdrückte jüdische Selbstverständnis) dennoch ein Muß – als Einführung für Stein-Novizen hingegen denkbar ungeeignet.

4

Alice B. Toklas: *Kochen für Gertrude Stein und ihre Gäste. Das Alice B. Toklas Kochbuch.* Aus dem Amerikanischen von Frieda Grafe
Berlin: Byblos 1994

An Kochbüchern aller Arten herrscht wahrhaft kein Mangel; wenn das Kochbuch der Alice B. Toklas dennoch etwas ganz besonderes ist, so liegt dies nur an der Person der Autorin. Alice B. Toklas war die jahrzehntelange Freundin, Geliebte, Vertraute, Sekretärin und ständige Begleiterin von Gertrude Stein. 1977 in San Francisco geboren, kam sie in den Jahren vor dem Ersten Weltkrieg nach Paris, wo sie die Stein kennenlernte und bald mit ihr zusammenzog. Die gemeinsame Lebensspanne endete erst 1946 mit dem Tod der größten Avantgardistin in der Literatur des 20. Jahrhunderts.

Alice B. Toklas’ Kochbuch entstand, wie uns die Autorin augenzwinkernd mitteilt, während eines Krankenhausaufenthaltes im Jahre 1954: die verordnete Schonkost scheint den Wunsch heraufbeschworen zu haben, sich die kulinarischen Genüsse und Gelüste der verstrichenen Jahrzehnte wieder vor Augen zu holen. Versammelt werden Rezepte aus der klassischen französischen und aus der zeitgenössischen amerikanischen Küche, „Gerichte für Künstler“ und Gerichte, die den „Mord in der Küche“ („Das erste Opfer war ein lebendiger Karpfen“) voraussetzen, Rezepte, die Toklas und Stein während ihrer Rotkreuzfahrten im Ersten Weltkrieg kennenlernten, und Rezepte aus der Besatzungszeit im Zweiten Weltkrieg. Serviert werden dazu vor allem Anekdoten aus dem Leben und Schreiben, eine gutgewürzte Geschichte der Dienstboden im Hause Stein / Toklas und sahnige Aphorismen für viele Lebens- und Leselagen.

So ganz alltäglich und konventionell sind sie sicher nicht, die Rezepte von Alice B. Toklas; opulente Mahle für Gourmets sind es zumeist, die sie da zusammengestellt hat, und sehr zu recht weist der bekannte Feinschmecker Wolfram Siebeck in seinem Vorwort darauf hin, daß die Toklasschen Rezepte „für Anhänger der Magerküche eher abschreckend“ seien. Dennoch aber würden die Rezepte allein dieses Kochbuch noch nicht zu jenem Kleinod machen, das es ist, zumal Rezepte wie der „Barsch für Picasso“, die „Josephine-Baker-Crème“ oder gar das „Haschischkonfekt“ („2 Stück sind völlig ausreichend“), das beim Ersterscheinen dieses Buches in Amerika 1954 nicht mitabgedruckt werden durfte, doch sehr in der Minderheit sind. Das Kapitel „Gerichte für Künstler“ ist das kürzeste des Buches, und bei den meisten Rezepten geht’s doch reichlich bürgerlich zu.

Der eigentliche Gewinn von Alice B. Toklas’ Rezeptbuch liegt in dem munteren Plauderton, mit dem die Autorin zwischendurch die genannten Anekdoten darbietet und kleine Blitzlichter auf ihr Leben mit Gertrude Stein – und keineswegs nur auf jenes in der Küche und an der Tafel – wirft. Dieser Plauderton erinnert unweigerlich an die *Autobiographie von Alice B. Toklas* (die bekanntlich von Gertrude Stein selbst stammt) und andere semiautobiographische Schriften der Stein. Man vermag kaum nachzuvollziehen, wie so etwas funktionieren kann, aber es funktioniert: selbst das Herzählen aller Köchinnen, die im Hause Stein / Toklas Dienst taten, ist höchst spannend zu lesen – spannend im Sinne der lakonischen Schreibweise Gertrude Steins. Je mehr man im Kochbuch der Alice B. Toklas liest, desto mehr hat man das Gefühl, daß sich die Erzavantgardistin Gertrude Stein den Stil für ihren einzigen Bestseller tatsächlich von der Toklas ausgeliehen hat: Gertrude Steins *Autobiographie von Alice B. Toklas* fängt genau jenen seltsam naiven und zugleich souveränen Plauderton ein, den die Toklas auch in ihrem Kochbuch anschlägt.

Es ist dies ein Plaudern, das eigentlich gar kein Thema braucht, jedenfalls keinen funktionalen Zweck, kein brennendes „Anliegen“. Gesprochen wird im eigentlichen Sinne gar nicht über etwas, sondern das Sprechen selbst ist sich Zweck genug: der Mund öffnet und schließt sich, die Feder wirft Sätze aufs Papier, und plötzlich hat man das Gefühl, dieses nicht nur unangestrengt, sondern auch ziel- und planlos wirkende Gemurmel sei fesselnd wie ein Krimi.

Nie weiß der Leser, was als nächstes kommt, denn alles ist möglich, vor allem das Banale; die Banalitäten (sei es nun der Steinsche Pudel, der die Krönung der Tafel stibitzt hat, oder die Bemerkung des Kochs Frederich, er stamme aus dem selben Dorf wie Hitler und in jenem Dorf seien alle etwas seltsam) in ihrer hemmungslosen Reihung bringen aber zusehends auf einen Geschmack, der auf mirakulöse Weise anhält und immer heftiger wird. Insofern geht es mit dieser Prosa wie mit dem Gipfel aller Lammrezepte: „Lamm, mit Portwein gebraten und begossen, entzieht sich überhaupt jeglicher Beschreibung. Versuchen Sie es.“

„Das Experiment lief"
Mehr als ein Schlüsselroman: *Madrigal* von H.D.

Die Zeit ist „Die Zeit der ‚Ismen'", folglich die künstlerischer Aufbrüche, freilich auch die des Ersten Weltkriegs und damit des Endes von vielem. Der Ort ist London, ein Zentrum, das an die Peripherie gerät. Die Hauptfigur ist Julia Ashton, sie schreibt Lyrik und Briefe; Adressat der Briefe (freilich nicht mehr der Gedichte) ist ihr Mann Rafe, der im Krieg kämpft und trotz der periodischen Ankündigungen, diesmal nicht zurückzukehren, regelmäßig auf Heimatbesuch kommt. Allerdings besucht er in der Heimat bald nicht mehr nur seine Frau, sondern vornehmlich deren Mitbewohnerin und Rivalin Bella; sein Begehren, so gibt Rafe zu, gilt Bella, wenn er auch behauptet, seine Liebe immer noch Julia vorzubehalten. Das jedoch ist Julia nicht genug, sie fürchtet sich vor Rafes Heimatbesuchen, genießt beinahe seine Abwesenheiten, schreibt ihm weiterhin Briefe, adressiert ihre Gedichte hingegen an Rico alias Frederick, der nicht Soldat, sondern immer noch Dichter ist. Es sind Orpheus-Gedichte.

Orpheus beging bekanntlich den Fehler, zurückzublicken; Julia bemüht sich, diesen Fehler nicht zu wiederholen, die Erinnerung an die Zeit, da „ein junger Dichter ihr Geliebter war", sucht sie ebenso zu verdrängen wie den Gedanken an das ungeborene Kind, das sie verloren hat. Bleibt der Blick in die Zukunft. Als Frederick nach London kommt, zwar mit seiner Frau Elsa, doch offen für vieles, drängt alles auf „ein vollkommenes Dreieck" hin. Doch es mißlingt, weil dem sonst stets so entschiedenen Frederick im entscheidenden Moment etwas abhanden kommt, vielleicht der Mut, vielleicht nur die Offenheit. „O es herrschte ein großes Durcheinander. Nein, das stimmte nicht." Das Durcheinander zerfällt plötzlich in eine Ordnung, als Julia sich mit Vane zusammentut, einem jungen Maler und Protegé Fredericks, der dem „vollkommenen Dreieck" zufolge eigentlich Elsa hätte zufallen sollen. „Das Experiment lief."

Soweit in Kürze die Handlung des Romans *Madrigal*[1] von H.D. (hinter dem abbreviativen Pseudonym verbirgt sich die in Europa lebende Amerikanerin Hilda Doolittle); solche Kürze freilich wird diesem wiewohl kurzen Buch nicht gerecht, denn darin geht es eigentlich um Zerdehnung: um die Zerdehnung der Zeit, die Ausweitung von Räumen, um starre Konstellationen, die endlos zu werden scheinen und sich dann doch verschieben. Mittel dieser Zerdehnung sind Rhythmisierungen, denen sich das Geschehen schon äußerlich ergibt: da sind die Rhythmen des Kommens und Gehens, des Erinnerns und Vergessens, des Ja und Nein. „Der Krieg wird nie zu Ende gehen", lautet einer der leitmotivischen Sätze, und wir begreifen beim Lesen sehr schnell, daß der nimmerendende Krieg ein anderer ist als der, in den und aus dem Rafe unablässig zurückkehrt.

Am Ende, als Julia nicht mehr in London und nicht mehr die Frau von Rafe ist, sondern in Cornwall mit Vane lebt, erkennt sie: „es war immer dasselbe, immer ein wenig anders." Genau dies ist die Haltung dieses sehr dichten, sehr intensiven Buches: Identitäten und Unterschiede legen sich übereinander, fallen in eins, durchdringen einander und heben sich auch wieder auf. „Ich wäre frei, wenn ich in zwei Dimensionen leben könnte", glaubt Julia schließlich, und demgemäß ist sie wirklich frei, hat sie sich befreit, denn sie lebt nun in einem neuen Raum, in

---

1 H.D., *Madrigal*, üb. v. Anja Lazarowicz (Basel und Weil am Rhein: Urs Engeler Editor 2008).

einer neuen Zeit: „ohne Nebensächlichkeiten auskommen zu müssen schafft Raum, eine neue Dimension. Ich bin hier in diese Dimension gewechselt.“

Am Anfang des Buches fehlt diese „neue Dimension“, fehlt sie jedenfalls Julia, die an „einer klaffenden Lücke in ihrem Bewußtsein“ leidet. Am Anfang wird Julias Welt, auch wenn wir sie im Grunde immer aus ihrem lückenhaften Bewußtsein heraus erleben, deshalb weitgehend aus der Perspektive der dritten Person erschrieben; am Ende hingegen wird Julia zu einem fast uneingeschränkten Ich. Das Erzählbewußtsein, heißt das, ist schon am Anfang das wissende Bewußtsein jener freien Julia, die am Ende aus dem Buch hervorgeht. Julias Perspektive ist folglich eine doppelte, ist gleichzeitig Innen- und Außenblick.

Zur sehr intensiven literarischen Kunst wird diese Perspektivendoppelung, weil sie imstande ist, sich selbst zu widersprechen, über die Widersprüche der Figuren die grundsätzlichen Widersprüche des Existierens in den Blick zu nehmen und aus diesen Widersprüchen heraus dann so etwas wie positive Negationen zu schaffen. Das ist literarische Urzeugung höchster Qualität. Die Sätze, die Hilda Doolittle in *Madrigal* schreibt, kommen aus den Kulissen gesprungen, flüstern uns etwas zu und sind gleich wieder weg – und dann, hinter den Kulissen, wirken sie fort, werden auf den Kopf gestellt, ausgeschüttelt und überprüft. So bilden sie auf waghalsige, aber treffende Weise Julias Bewußtsein ab. Nach einem Passus in erlebter Rede heißt es beispielsweise: „Aber das dachte sie nicht, das konnte sie natürlich nicht sagen, sie hätte es nicht einmal gesagt, wenn sie es ganz klar gedacht hätte“; oder auch: „Oh nein, sie verstand es nicht, stellte keinen derartigen Vergleich im Geist an, aber das war es.“ Aussagen fallen mit Gegenaussagen in eins: „eigentlich hatten sie nichts miteinander gemein. Sie hatten alles miteinander gemein.“ Die treffendsten Sätze sind oft die, die beschreiben, was nicht ist: „Kein Nerv in ihr war zum Zerreißen angespannt [...]. Sie fühlte sich nicht als Muse.“

Die Kraft dieser erstaunlichen Prosa liegt zu einem hohen Grade in ihrer Fähigkeit, Nein zu sagen und das Verneinte gleichzeitig zu verbalisieren. Genau genommen entspricht diese literarische Kraft jener persönlichen Kraft, die die Figur Julia im Verlauf des Buches aus ihrer eigenen Ohnmacht schöpft und mit der sie sich befreit: von ihrem Mann Rafe, von ihrem dichterischen Vorbild Rico, von der Verstrickung in die Zeit. Sie eröffnet sich einen neuen Raum, eine neue Dimension, eine neue Existenz. An diesem Punkt gewinnt die Tatsache Belang, daß *Madrigal* ein hochgradig autobiographisches Buch ist: Julia ist weitgehend ein Selbstporträt der Autorin, hinter Rafe verbirgt sich ihr Mann Richard Aldington mehr schlecht als recht, Frederick ist D.H. Lawrence, Vane der Maler Cecil Grey.

Allerdings tut man dem Buch Unrecht, wenn man es nur als Schlüsselroman liest und hinter die Figuren allzu eilfertig das blendet, was man von ihren realen Vorbildern weiß: *Madrigal*, zwischen 1933 und 1950 geschrieben, ist mehr als ein Schlüssel, es ist die Tür zu einem Werk eigenes Rechts. Und H.D. war weitaus mehr als nur ein Anhängsel von Lawrence, Aldington oder auch Ezra Pound (mit dem sie verlobt war): sie trieb die Literatur der Moderne auf eine Spitze, die ihren männlichen Mentoren unerreichbar blieb.

Im Räderwerk des Krieges
Drei Soldaten, ein Roman von John Dos Passos

Man schreibt die Jahre 1917, 1918, 1919; die U.S.A. sind in den Ersten Weltkrieg eingetreten. Dan Fuselli, strebsamer Kriegsfreiwilliger von der amerikansichen Westküste, versucht die Frustrationen des Dienstes durch die – vergebliche – Hoffnung auf Beförderung zu überspielen; die daheimgebliebene Kriegsbraut heiratet unterdessen den nächstbesten Marinesoldaten. Der reizbare Farmerssohn Chrisfield, der seinen aufgestauten Jähzorn auf einen besonders rücksichtslosen Kriegskarrieristen lenkt, desertiert nach einer zwanghaften Verzweiflungstat und taucht in Paris unter. John Andrews, ein junger Musiker und Komponist aus New York, der zu den Fahnen eilte, um dem pathetischen Aufruf Präsident Wilsons gemäß „der Welt die Demokratie zu erkämpfen“, verliert angesichts der ganz und gar nicht pathetischen Realität des Krieges rasch den Glauben an dessen Sinn; einen letzten Rest des Glaubens an sich selbst kann er nur um den Preis retten, in die Mühlen der Militärgerichtsbarkeit zu geraten.

Dies sind die drei Figuren, die *Drei Soldaten*[1], um die sich der Roman dieses Titels von John Dos Passos dreht. Exemplarisch werden an ihnen die Schicksale dreier Menschen im Kriege durchgespielt, von denen es freilich nur einem so recht gelingt, die Rolle des Soldaten auszufüllen: dem naiv-ambitionierten Fuselli nämlich. Chrisfield und der sensible Andrews hingegen sind auch im

---

1 John Dos Passos, *Drei Soldaten*, Roman, üb. v. Julian Gumperz (Kiel: Neuer Malik Verlag 1987).

Krieg noch zu sehr Mensch, um im Räderwerk der Militärmaschinerie auf Dauer funktionieren zu können.

Daß es sich bei der Armee um nichts anderes als einen stählernen Koloß handelt, macht Dos Passos schon mit den Zwischentiteln seines Romans deutlich: da wird die Form gegossen, kühlt das Metall aus, setzen die Maschinen Rost an, gerät Andrews, auf den sich die Handlung zusehends konzentriert, am Ende unter die Räder. Wenn solche technizistische Metaphorik doch einmal umschlägt und die Kleinbauteile des Weltgetriebes für einen Moment wieder zu lebendigen Organismen werden, so nur zu den Tieren einer Schlacht-Herde in des Wortes doppelter Bedeutung. „Man muß die Menschen zu Tieren machen, bevor man sie dazu kriegen kann, so zu handeln“, erläutert eine von sozialistischen Ideen durchdrungene Nebenfigur des Romans und wird ohne viel Federlesens und nur zu folgerichtig dem Kriegsgericht zugeführt. Da ist es dann doch schon wieder beruhigender, sich im Gleichschritt des Räderwerks den Hebeln unsichtbarer Hände anzuvertrauen. John Andrews allerdings ergeht es anders. Er spürt – so lesen wir –, „daß er das einzige Lebewesen in einer Welt toter Maschinen sei. Der Frosch, der über den Weg hüpft vor einer großen Dampfwalze.“

Der Autor Dos Passos hat jene Dampfwalze, unter die er seine *Drei Soldaten* geraten läßt, aus eigener Anschauung kennengelernt. Als Sanitätsfreiwilliger der amerikanischen Armee nahm er am Ersten Weltkrieg teil, in dem er zwar nicht das selbe Schicksal erlitt wie sein Protagonist John Andrews, aber doch die selben Enttäuschungen und Demütigungen. Viele amerikanische Intellektuelle, die freiwillig in den Krieg nach Europa gezogen waren, machten damals vergleichbare Erfahrungen, und eine ganze Generation junger Amerikaner blieb im Paris der Nachkriegsjahre hängen: zwischen allen Stühlen und frei von allen Bindungen. Zu dieser „verlorenen Generation“, wie Gertrude Stein sie nannte, zählten Schriftsteller wie Hemingway, E.E. Cummings und F. Scott Fitzgerald, in deren ersten Werken die direkten und indirekten Nachwirkungen des Krieges ihren Niederschlag fanden. Der Roman *Drei Soldaten* von John Dos Passos, erschienen 1921 als eines der frühen Dokumente dieses von Desillusionierung und Leere geprägten Lebensgefühls, weist sowohl seinem Inhalt als auch seiner Machart nach auf spätere Entwürfe der „lost generation“ voraus. Dazu gehört es auch, daß gar nicht einmal die Kriegsgreuel selber das Thema des Romans bilden, sondern eher das Zerbrechen des Individuums an den Zwängen einer Gesellschaft, an den Organisationsformen einer technizistischen Zivilisation, deren Unmenschlichkeit in der Armee nur ihren deutlichsten Ausdruck findet. Das eigentliche Martyrium des Soldaten John Andrews, der wieder Mensch sein will und nur als Deserteur zu Selbstachtung und Willenskraft zurückfinden kann, beginnt sogar erst nach dem Waffenstillstand. Der Roman *Drei Soldaten* ist natürlich auch ein Aufschrei gegen den Krieg, doch damit hat es noch lange nicht sein Bewenden.

Dos Passos kehrte schon zu Beginn der 20er Jahre nach Amerika zurück, und dort entstanden, nach den *Drei Soldaten*, jene Romane, die ihren Autor berühmt machten und das Spektrum der epischen Ausdrucksweisen im 20. Jahrhundert kaum weniger beeinflußten als die großen Entwürfe von Joyce, Proust und Virginia Woolf. In seinem Großstadtroman *Manhattan Transfer* und der Trilogie *U.S.A.* entwarf Dos Passos ein breites Panorama amerikanischer Existenzweisen zwischen 1900 und 1930. Seine Methode, Erzählsegmente unterschiedlicher Perspektiven und Techniken kaleidoskopartig gegeneinanderzusetzen, mutet immer ein wenig technizistisch an, und gerade das ist Teil der Darstellungsabsicht. Die von Technisierung, Konsumrausch und Unterhaltungssucht bestimmte Gesellschaft entpuppt sich unter diesem Aspekt als die Fortsetzung der Militärmaschinerie mit anderen Mitteln. In diesen „modernen Zeiten“ wird, wie in jenen des gleichnamigen Chaplin-Films, das Individuum zwischen den Zahnrädern des Weltgetriebes zerrieben.

Dem jungen Medium Film verdankt Dos Passos die Anregung zu den „Wochenschauen“ der *U.S.A.*-Trilogie und zur neuartigen Erzähltechnik des „camera eye“. In dem Frühwerk *Drei Soldaten*, dessen Figuren das eigene Los auffallend häufig mit Kinofilmen vergleichen, finden sich Vorläufer dieser Techniken in den beinahe lapidar erzählten, dialogbestimmten Textsegmenten, die wie Filmszenen zu Erzählsequenzen zusammenmontiert sind. Was dazwischen geschieht, bleibt ausgespart, wie denn zusammenfassende Berichte in diesem Buch grundsätzlich unterbleiben. Die Warte des Erzählers ist in den ersten Kapiteln zumeist die einer nüchternen Außenperspektive, die den entmenschlichenden Charakter der Armee wirkungsvoll hervorhebt. Erst von der Mitte des Romans an brechen aus dem Bericht zusehends Passagen hervor, die sich dem Bewußtsein Andrews’ nähern („sein Bewußtsein war dumpf wie eine alte Rumpelkammer, wo zwischen alten verrosteten Maschinenteilen und staubigen Koffern haufenweise zerbrochenes Spielzeug liegt“), was mit dessen Willen korrespondiert, wieder auf der eigenen Individualität und auch dem Künstlertum zu beharren. So entsteht aus der Milieustudie militärischer Niederträchtigkeiten am Ende noch ein rudimentärer Bildungsroman: in den Blick gerät nicht zuletzt die verfahrene Lage des scheiternden Künstlers, die die Literatur der Moderne gepägt hat wie kaum ein zweites Sujet. „Welchen Wert hat es, die Dinge nur zu sehen und zu fühlen, ohne sie ausdrücken zu können?“ fragt John Andrews, doch die Massen, die er aufrütteln will, möchten sich nur nach Kräften amüsieren – selbst noch im Krieg.

Blut, Schweiß und keine Tränen
William Faulkners *Licht im August* in neuer Übersetzung

Religiöser Haß, sexistische Moral, rassistische Gewalt: das sind die als naturgegeben hingenommenen Festpunkte, die die Welt von William Faulkners Roman *Licht im August*[1] bestimmen. Es ist die Welt der amerikanischen Südstaaten zu Beginn des 20. Jahrhunderts. Drei Figuren vor allem sind es, in deren Geschichte wir eintauchen, alle drei getrieben von fixen Ideen, von denen sie nicht lassen wollen, auch wenn sie mit der Realität schroff kollidieren. Die hochschwangere Lena Grove redet sich ein, der Vater ihres Kindes habe sie nicht sitzenlassen, sondern warte darauf, daß sie nachkomme, drum ist sie zu Fuß wochenlang unterwegs gewesen und stöbert den gesuchten Mann tatsächlich auf. Joe Christmas, als Waisenkind von bigotten Stiefeltern dazu erzogen, vor Gefühlen in Gewalt gegen sich und andere zu fliehen, sucht die Ursache all seiner Probleme in der Vermutung, in seinen Adern fließe „Negerblut", und ermordet im Affekt seine frömmelnde Geliebte. Der in Ungnade gefallene frühere Pfarrer Hightower fiebert sich aus der Gegenwart, indem er sich Wahnvorstellungen vom soldatisch-heroischen Bürgerkriegsschicksal eines Vorfahren hingibt.

Die Geschichten der drei Hauptfiguren kreuzen sich in der Kleinstadt Jefferson während einiger weniger Tage, in denen die Stadt sich der Hatz auf den flüchtigen Mörder und der fast unausweichlichen Lynchjustiz hingibt. Ver-

---

1 William Faulkner, *Licht im August*, Roman, üb. v. Helmut Frielinghaus u. Susanne Höbel, mit einem Nachwort v. Paul Ingendaay (Reinbek: Rowohlt 2008).

bunden werden Lena, Christmas und Hightower durch eine vierte Figur, den unscheinbaren Byron Bunch, die einzige Gestalt, aus deren Vergangenheit wir gar nichts erfahren – es wird nicht einmal angedeutet, daß es da etwas zu erfahren gäbe, und damit ist Bunch für Faulkners Romanwelt eigentlich erledigt, denn diese Welt funktioniert immer und überall nur über die Verstrickungen der Vergangenheit. In ausgreifenden Rückblenden werden uns, geschickt verschachtelt und sehr suggestiv ausgemalt, die Vor- und Lebensgeschichten der Figuren erzählt. Eine Folge des unablässigen Vor und Zurück, das Faulkners Prosa auszeichnet, ist, daß wir die wesentlichen Handlungsmomente knapp und nüchtern erfahren, bevor sie uns aus dem Erleben der Figuren heraus ausgestaltet werden. Spannung im herkömmlichen Sinn kommt nicht auf, wir wissen mehr oder weniger, was geschehen wird – aber die Prosa hält uns durch ihr zudringliches Flirren bei innerer Spannung. Daß in Faulkners Welt die Figuren von Motiven getrieben werden und nach Wertmaßstäben handeln, die uns heute geradezu aberwitzig archaisch vorkommen müssen, verhindert seltsamerweise nicht, daß sie uns sehr real packen.

Das Handeln fast der kompletten Stadtbevölkerung zielt darauf, „einem Mann, den nur wenige von ihnen oft genug gesehen hatten, um ihn zu kennen, das Leben zu nehmen, weil er einer Frau das Leben genommen hatte, die noch weniger von ihnen je bewußt gesehen hatten." Diese Textstelle spitzt zu, worum es in *Licht im August* geht; es geht um Leben und Tod – und es geht um Sehen und Wegsehen. Unablässig beobachten die Figuren einander, doch sie tun es nicht, indem sie sich in die Augen sehen, sondern sie blicken zur Seite, blinzeln heimlich, beobachten mit abgewandten Blicken. „Wieder sieht er ein bißchen an ihrem aufmerksamen Gesicht vorbei" – solche Formulierungen lesen wir oft, und dann einmal sogar: „Die blonde Frau hatte ihn kein einziges Mal angesehen, und der Mann hatte, ohne ihn anzusehen, nie aufgehört, ihn anzusehen.“ Es sind indirekte, krampfhaft abgewandte, der Realität immer ein wenig enthobene Perspektiven, aus denen Faulkners Figuren ihre Welt wahrnehmen, und dem entspricht sehr genau das perspektivische Gefüge der Romanprosa, die nicht nur zwischen Vergangenheit und Gegenwart springt, sondern auch zwischen den Perspektiven, Wahrnehmungen und Bewußtseinsschichten der Figuren, über die sich zudem der Gestus eines allwissenden, aber nie alles preisgebenden Erzählers legt. Zwischen diesen verschiedenen Ebenen entstehen Sprünge und Spannungen, die sich immer wieder sprachlich virtuos entladen und diesen Roman, auch wenn er nicht gar so kühn ist wie manch anderer Faulkners, zu einem Meisterwerk der Moderne machen.

Als Meisterwerk ist *Licht im August* bei aller Fixierung auf Vergangenheiten seiner Zeit voraus, und schon deshalb ist es sinnvoll, den Roman immer wieder neu zu lesen und auch neu zu übersetzen. *Licht im August* war das erste Buch Faulkners, das (schon 1935) auf deutsch erschien; die damalige Fassung von Franz Fein[2] ist von allen frühen deutschen Faulkner-Übersetzungen zwar die beste und immer noch erstaunlich lesbar, nimmt es sogar mit Faulkners Tempuswechseln, unvollständigen Sätzen und ähnlichen Normabweichungen recht beherzt auf, liest sich aber naturgemäß ein wenig angestaubt, und so ist es sehr zu begrüßen, daß der Rowohlt-Verlag eine grundlegend neue Fassung vorlegt. Die Übersetzer Helmut Frielinghaus und Susanne Höbel haben, wie Frielinghaus in einem Aufsatz für die *Zeitschrift Sprache im technischen*

---

2 Im folgenden zitiert nach folgender Ausgabe: William Faulkner, *Licht im August*, Roman, üb. v. Franz Fein (Hamburg: Rowohlt 1955).

Zeitalter bekannte, Feins Fassung „wiederholt mit Neugier und Respekt zu Rate gezogen“[3], dennoch beschränken sie sich natürlich nicht darauf, etwa da, wo Fein „Bankert“ schreibt, nun einen dem Original[4] entsprechenden „Bastard“ einzusetzen.

Paul Ingendaay tut in seinem Nachwort zur Neuausgabe so, als sei ein Begriff wie „Weiber“, der sich häufig in Feins Eindeutschung findet, heute zu meiden. Das ist natürlich Unfug, denn es wäre kontraproduktiv, die archaische Faulkner-Welt komplett auf einen heutigen Sprachstand zu heben (was sollte man dann mit dem Begriff „Neger“ machen? – von der schwer erträglichen, aus dem Sprach- und Wertegefüge von *Licht im August* freilich nicht zu tilgenden Variante „Nigger“ ganz zu schweigen); bei Frielinghaus und Höbel gibt es also durchaus „Weiberzimmer“; das „Woman’s muck“ des Originals, von Fein als „Weiberschmutz“ übersetzt, ist nun treffend „Weiberdreck“, denn das Weibliche ist hier eine abfällige Kategorie. Das „womanevil“ an anderer Stelle des Originals übersetzen Frielinghaus und Höbel freilich als „Frauenübel“, und das ist inkonsequent und fällt hinter Feins „Weiberübel“ zurück.

Slang und Umgangssprache werden von Frielinghaus und Höbel zurückhaltend übersetzt und nur vorsichtig angedeutet („Dat’s all dey wants“ wird zu „Das isses, was die wollen“), weswegen Dialoge meist eine Spur hochsprachlicher klingen, als man es den Figuren zutrauen mag; das richtet allerdings keinen Schaden an, da Faulk-

---

3 Helmut Frielinghaus, „Mit dem Krieg im Rücken. Anläßlich der Neuübersetzung von William Faulkners *Licht im August*“, in *Sprache im technischen Zeitalter* 45 (Dezember 2007), S. 483-491, hier S. 490.

4 Zitiert nach folgender Ausgabe: William Faulkner, *Light in August* (Harmondsworth: Penguin in Association with Chatto and Windus 1960).

ner selten einmal um einen naturalistischen Sprechduktus bemüht ist, seine Figuren also auch im Original eher an Schrift- als an gesprochener Sprache orientiert sind. Wichtiger als derlei ist die Wahrung des Faulknerschen Erzähltempos, das von Verzögerungen, Wiederaufnahmen und Wiederholungen gekennzeichnet ist, was sich häufig im Satzbau spiegelt; hier ist präzises Übersetzen vonnöten. „He says it immediately, with immediate finality“: dieses kurze Stakkato, von Fein seinerzeit verwässert („Er sagt es augenblicklich mit einer unverzüglichen Endgültigkeit“), wird in der neuen Übersetzung perfekt nachgebildet: „Er sagt es prompt, mit prompter Endgültigkeit“. Allerdings finden solche Nachbildungen ihre Grenze, wo Faulkner allzu beherzt gegen sprachliche Normen verstößt. Einmal heißt es vom jungen Christmas: „Now he was in the street, sweating the half dollar, the coin sweating his hand, larger than a cartwheel, feeling.“ Das Verb „to sweat“ wird hier irregulär auf eine Weise gebraucht, die vielleicht nur durch „verschwitzen“ wiederzugeben wäre, und das nachgestellte „feeling“ fällt komplett aus jeder Norm, und zwar mit Absicht, denn Christmas gehen in dieser Szene seine Grundfesten verloren. An solchen Stellen kapituliert Franz Fein, er paraphrasiert eher, als daß er übersetzt („Jetzt war er auf der Straße, das Halbdollar-Stück lag drückend in seiner schwitzenden Hand, es fühlte sich größer an als ein Wagenrad“); die Neuübersetzer bemühen sich um mehr Präzision: „Jetzt stand er auf der Straße, seine Hand machte den halben Dollar schweißnaß, und die Münze machte seine Hand schweißnaß und fühlte sich größer an als ein Wagenrad.“ Das ist allerdings halbherzig, die Irritation des nachgestellten „feeling“ ist komplett aufgelöst, der Vorgang des Schwitzens abgemildert, „seine Hand“ schon eingefügt, wo sie im Original noch fehlt, zudem werden zwei „und“ zugegeben.

Licht im August ließe sich durchaus noch präziser und damit auch radikaler übersetzen, als Frielinghaus und Höbel es tun. Insgesamt wird ihre Neuübersetzung dem Roman aber weitgehend gerecht; es ist eine zwar nicht grandiose, aber ordentliche Übersetzung für die nächsten 25 Jahre. Nicht so lange halten allerdings sollte der dieser Neuübersetzung beigegebene Klappentext, der von erfülltem Schicksal und einem „Chaos sündhafter Verstrickung" schwafelt. Das klingt nicht nur vorgestrig, sondern ist es auch, denn hier hat die Werbeabteilung einfach den Klappentext einer Ausgabe von 1955 abgeschrieben. Wenn Faulkner dem Rowohlt-Verlag schon eine Neuübersetzung wert war, und das gewiß nicht zu Unrecht, sollte der größte amerikanische Romancier des 20. Jahrhunderts dem Verlag wohl auch die Mühe wert sein, ihm fürs 21. Jahrhundert einen neuen Werbetext zu schreiben.

Hölle aus Ohnmacht und blinder Wut

William Faulkners *Schall und Wahn* ist der amerikanische *Ulysses*

Wenn William Faulkner der amerikanische Joyce ist (eine beiden Autoren gegenüber ungerechte Gleichung, die aber als erste Orientierungsmarke fraglos zutrifft), dann ist *Schall und Wahn* Faulkners *Ulysses*. Mit diesem Roman, seinem vierten, verläßt Faulkner 1929 das sichere Terrain herkömmlicher Erzählkunst und wagt sich so weit aufs Feld kühnster Darstellungstechniken vor wie späterhin nie wieder. Es liegt nahe, sogar von experimentellem Schreiben zu reden, aber „experimentell“ klingt nach einem Gestus unsicheren Ausprobierens, und ein solcher Gestus ist Faulkners Roman gerade nicht abzulesen, der vielmehr eine geradezu traumhafte Sicherheit im Umgang mit Sprache, Perspektive, Innen- wie Außenwelten ausstellt. Selbst im tiefsten Dunkel, wenn wir als Leser jede Orientierung verlieren, scheint Faulkner immer präzis zu wissen, was seine Figuren treibt und was sie treiben, welche von vielen durcheinander redenden Stimmen woher kommt und worauf abzielt, welches Fitzelchen vergangenen oder gegenwärtigen Erlebens gerade ihr Denken, Fühlen und Handeln bestimmt – und welches Wort, welche Formulierung genau den richtigen Impuls sprachlich abzubilden vermag. Mit beherzten Pinselstrichen, die kraftvoll und zart zugleich sind, malt Faulkner uns ein grelles Familiengemälde aus und verschränkt äußere Realität und inneres Wähnen, linear ablaufende Zeit und verschlungen sich wiederholende Erinnerung nicht weniger virtuos als Joyce.

Familienalltag schildern sie beide, doch wo Joyce der Meinung ist, die Literatur habe das „Gewöhnliche“ zu schildern[1], gilt Faulkners Augenmerk Konstellationen und Generationsabläufen voller archaischer Gewalt und oftmals hemmungsloser Boshaftigkeit, notdürftig überzogen mit einem Firnis aus Ehre und Bigotterie, dafür untergründig getrieben von einer wuchtigen Sexualität. Den Rahmen bildet wie in allen Büchern Faulkners die schwüle Atmosphäre der amerikanischen Südstaaten in den Anfangsjahrzehnten des 20. Jahrhunderts. Den endgültigen Niedergang der einst mächtigen Familie Compson erleben wir in der vierfachen Gestalt der Geschwister Benjamin, Quentin, Jason und Caddy.

Im ersten von vier Kapiteln torkeln wir – anfangs weitgehend orientierungslos – durch den inneren Monolog des geisteskranken Benjamin. In seinem Kopf mischen sich Eindrücke und Erinnerungsfetzen, die er nicht sortiert bekommt, und die Stimmen derer, die auf ihn ein oder an ihm vorbei reden; eine eigene Stimme hat er nicht, er kann nur sabbern, grunzen und brüllen. Mit Mühe bekommen wir mit, daß es sein 33. Geburtstag ist, er wünscht sich Kuchen, leidet an einem alten Verlust, dessen genaue Natur ihm unklar ist (mit seiner vor Jahren erfolgten Zwangskastration hat es einerseits nichts zu tun und andererseits doch etwas), und teilt die Welt in die Gerüche ein, die sie absondert: nach Bäumen, nach Regen, nach Hund. Im zweiten Kapitel springen wir 18 Jahre zurück, zum letzten Tag im Leben von Quentin, der ins Wasser geht, mutmaßlich der Verheiratung seiner Schwester Caddy wegen. Quentins Erlebnisse und Gedanken dieses Tages, wiederum in strenger Innenperspektive geschildert, bringen einiges Licht ins wahnhafte Dunkel des Benjamin-

---

1 Vgl. Richard Ellmann, *James Joyce*, new and revised edition (New York: Oxford University Press 1983), S. 457: „'A writer,' he [= Joyce] remarked to Djuna Barnes in retelling the incident, 'should never write about the extraordinary. That is for the journalist.'"

Kapitels, aber auch Quentin ist nicht frei von Wahnvorstellungen – ist das Inzestmotiv, das ihm immer wieder durch den Kopf schießt, Angst- oder Wunschtraum oder tatsächlich Wirklichkeit? Am Ende zerfließt sein Kapitel zu einem bruchstückhaften, Punkt und Komma und schließlich auch die Unterscheidung in Groß- und Kleinschreibung einbüßenden inneren Monolog voller offener Fragen: „auf uns liegt ein Fluch wir sind nicht dran schuld sind wir dran schuld“[2].

Ganz anders dann das dritte Kapitel, das wieder in die Zukunft springt, zum Vortag von Benjamins Geburtstag, gesehen und geschildert nun aus der Perspektive des brutalisierten Jason, der alles dran setzt, im Hier und Jetzt der Außenwelt zu reüssieren, und dafür seine Familienangehörigen und alle anderen Mitmenschen drangsaliert, hintergeht und einschüchtert. Ganz anders auch das Schlußkapitel, das nach der erwartbaren Logik eigentlich der geflohenen Schwester Caddie hätte gehören müssen, tatsächlich aber aus der Perspektive eines unpersönlichen Erzählers den Tag nach Benjamins Geburtstag erzählt, an dem alten Wunden neue hinzugefügt werden und es wieder einem Mädchen – der Tochter Caddies, von Jason lieblos erzogen – gelingt, der Familienhölle zu entfliehen. Faulkner kehrt tatsächlich weitgehend zum konventionellen Erzählen zurück wie im Bemühen, nachträglich Ordnung zu schaffen, die Leerstellen zu füllen und zu demonstrieren, daß die Welt dieses Romans keineswegs aus der Familienhölle allein besteht, sondern auch beispielsweise aus den schwarzen Dienstboten, die sich ohne Ende schinden müssen, die Hölle am Laufen zu halten und notdürftig erträglich zu machen. Ordentlich erzählen, so dürfen wir am Ende folgern, läßt sich nur zum Preis der

---

[2] William Faulkner, *Schall und Wahn*, neu übersetzt und mit einem Nachwort von Frank Heibert (Reinbek: Rowohlt 2014), S. 168.

Uneigentlichkeit, der Distanz. Nah dran an der Hölle aber sind wir allein im (von Faulkner mit ungeheuerlicher Kunstfertigkeit hergestellten) Chaos der ersten beiden Kapitel, die sich erst bei der zweiten Lektüre aus der Kenntnis der späteren heraus langsam entwirren lassen.

Eine Hölle der Ohnmacht und der blinden Wut ist dieser brachiale Roman notwendigerweise auch für jeden Übersetzer. 1956 legten Helmut M. Braem und Elisabeth Kaiser eine erste deutsche Fassung vor, an der auch heute noch erstaunlich wenig zu kritisieren ist – dennoch ist Frank Heiberts Neuübersetzung ein echter Quantensprung. Wo Braem und Kaiser mit den Fesseln des verhältnismäßig schlafmützigen Deutsch und der Übersetzungskonventionen ihrer Zeit kämpften, geht Heibert mit der Beherztheit des 21. Jahrhunderts zuwerke und gewinnt Faulkner eine neue Frische ab. Im Detail ist sein Umgang mit dem Originaltext in syntaktischer, dialektaler und bisweilen auch lexikalischer Hinsicht recht frei, doch das Ergebnis wird Faulkner auch in den vertrackteren Passagen vollauf gerecht. Besonders zu loben ist der Übersetzer dafür, daß er – wie er es in seinem Nachwort formuliert – der Versuchung widerstanden hat, „einen verständlicheren deutschen Text zu produzieren, als ihn das Original bietet.“[3] Dunkle Textwinkel hat er für sich selbst erhellen müssen, um sie übersetzen zu können, dann aber wieder in ein kunstvolles Dunkel getaucht, damit wir Leser den Roman mitsamt jener Schattenhaftigkeit erleben können, die das Faszinosum des Originals ausmacht.

---

[3] Frank Heibert, „Die Tonspur des Niedergangs. Nachwort des Übersetzers“, ebd., S. 363-378, hier S. 369.

Unsäglich zuwider
Arno Schmidts Faulkner-Übersetzung

Auch in der Literatur fallen die Meister nicht vom Himmel, sondern entwickeln ihr Werk aus tastenden Anfängen auf bescheidenem Niveau heraus. Diese Anfänge gewinnen erst nachträglich Bedeutung und Interesse, eben weil sie verraten, welche ursprünglichen Impulse der späteren Meisterschaft zugrunde liegen. Aufschlußreich sind Frühwerke deswegen selbst dann, wenn sie mißlungen sind, zumal sich im Mißlungenen die Antriebe, Ziele und Methoden eines Autors meist deutlicher erkennen lassen als in seinen reiferen Werken.

Das eigentlich Erstaunliche an den Skizzen und Erzählungen des Bandes *New Orleans*[1] von William Faulkner ist, daß sie sich gar nicht als mißlungen bezeichnen lassen. Diese Arbeiten, die erst nach der Nobelpreisvergabe an Faulkner in Buchform gesammelt wurden, erschienen ursprünglich 1925 in zwei Provinzzeitschriften. Es sind die ersten Prosaversuche Faulkners, der sich zuvor nur als Lyriker versucht hatte. Zunächst schrieb er unter Titeln wie „Der Priester“, „Der Seemann“ oder „Die Dirne“ elf kurze, in ihrem Gestus noch stark lyrisch geprägte Skizzen, angelegt als innere Monologe der titelgebenden Figuren, die darin bildreich und suggestiv so etwas wie die Essenz ihrer Existenz zur Sprache bringen. Es folgten sechzehn zunehmend länger

---

[1] William Faulkner, *New Orleans*, Skizzen und Erzählungen, üb. v. Arno Schmidt, mit einem Vorwort v. Carvel Collins, im Anhang Arno Schmidts Erzählung „‹Piporakemes!›“, hg. u. mit einem Nachwort v. Bernd Rauschenbach (Berlin: Suhrkamp 2017); alle nachfolgend parenthetisch im fortlaufenden Text angegebenen Seitenzahlen beziehen sich auf diese Ausgabe.

werdende Erzählungen, anfangs ebenfalls noch skizzenhaft gehalten und als Charakterporträts eigenwilliger Figuren vom Rande der Gesellschaft angelegt, später aber zu anekdotisch erzählten, oftmals turbulenten Handlungen entwickelt. Bettler, Gauner und Tagediebe kommen auf wundersame Weise zu ein wenig Geld und verlieren es wieder; ein eifersüchtiger Ehemann läßt sich zu einer folgenreichen Tat hinreißen; ein Landstreicher verschenkt eine selbstgeschriebene Geschichte; ein Aufschneider ruiniert seinen Ruf, als er versehentlich die Wahrheit erzählt; trickreiche Alkoholschmuggler müssen feststellen, daß sie sich selbst haben austricksen lassen. Einige Figuren und Handlungselemente tauchen in veränderter Form in Faulkners späteren Romanen wieder auf, wie uns Carvel Collins in seinem Vorwort umständlich erläutert.

Aufs grandiose Romanschaffen Faulkners weisen diese frühen Texte aber vor allem erzähltechnisch voraus, nämlich durch die bereits erstaunlich sicher gehandhabte Perspektiventechnik. Neutrale Erzähler gibt es hier nicht; alle Texte werden aus einer sehr persönlichen Perspektive heraus entwickelt, entweder derjenigen einer (bisweilen auch mehrerer) der handelnden Figuren oder zumindest derjenigen eines betont subjektiv auftretenden und seine Geschichte sprachlich prägenden Erzählers. Wenn die Haupterrungenschaft der literarischen Moderne die Entdeckung ist, daß die Realität in der Literatur immer nur als subjektiver Blick auf die Welt zu haben ist, nämlich in Gestalt von (oft irrigen) Wahrnehmungen, Vorstellungen, Projektionen, Phantasien und Träumen, eingefangen mit solchen Techniken wie dem Bewußtseinsstrom, der direkten oder indirekten oder erlebten Rede, dem inneren Monolog (der sich bisweilen auch zu einem Dialog aufspalten kann) oder dem Traumprotokoll, dann hat Faulkner schon mit diesen allerersten Prosatexten Zugang zum Zentrum modernistischen Schreibens gefunden. Seine Figuren sind „auf der Jagd nach einem Traumbild“ (S. 49), schrecken aus „Grübeleien“ (S. 68) hoch, tappen umher „wie ein Betrunkener oder ein Schlafwandler“ (S. 74), trösten sich „mit der Erinnerung schönerer Tage“ (S. 153), pendeln zwischen „Dämmern & Wachen“ (S. 128) oder versinken komplett „in feierlicher Unerreichbarkeit“ (S. 98). Wo Faulkner ihnen in diese Abgründe und dunklen Winkel ihres Bewußtseins folgt, da ist er am stärksten – in seinen großen Romanen, aber erstaunlicherweise auch schon in diesen frühen kurzen Arbeiten. Faulkner ist dabei nicht so ein sprachlicher und formaler Präzisionsarbeiter wie James Joyce, der ein, zwei Jahrzehnte zuvor ähnliche Ansätze verfolgt hat, aber diesen Mangel macht er wett durch eine narrative und perspektivische Suggestivität, deren Bildkraft in ihren höchsten Momenten beinahe trunken machen kann. Die Sammlung *New Orleans* ist bei der Herausbildung dieser Qualitäten vergleichbar mit dem, was bei Joyce die frühen *Dubliner*-Erzählungen leisten.

Faulkners Vergleichbarkeit mit Joyce, gerade auch, was den literarischen Ruhm betrifft, ist kurioserweise dafür verantwortlich, daß *New Orleans* von Arno Schmidt übersetzt wurde. Schmidt mochte Faulkner nicht, dies zum Teil schon, weil Faulkners Romane in Schmidts erstem Verlag Rowohlt mehr Aufmerksamkeit erfahren hatten als seine eigenen Bücher, worauf Schmidt schon in seinem zweiten eigenen Rowohlt-Buch verschnupft reagiert – er baut eine Sottise gegen die drei amerikanischen Rowohlt-Starautoren Hemingway, Wolf und Faulkner in seinen Kurzroman „Schwarze Spiegel“ ein[2]. Die frühen

---

[2] Vgl. Arno Schmidt, „Brand's Haide“, in Bargfelder Ausgabe, Bd. I/1 (Zürich: Haffmans 1987), S. 199-260, hier S. 251: „Sie winkte mit den plakatischen Umschlägen, und ich erkannte das gröbere Bild: »Ach so,« sagte ich schwach, und kam zum halben Bewußt-

Texte Faulkners, die Schmidt ein Jahrzehnt später übersetzen soll, sind ihm „unsäglich zuwider“[3], ihren Ton findet er „unpassend, falsch, ja *verlogen*“[4] – dennoch nimmt er, als der Goverts-Verlag ihm im März 1960 *New Orleans* zur Übersetzung anbietet, den Auftrag an, und zwar aus Renommee-Gründen, weil er sich fortan als ‚Joyce- und Faulkner-Übersetzer‘ gerieren kann[5] (hinter „Joyce“ verbirgt sich allerdings nicht James, sondern dessen Bruder Stanislaus).

Angesichts dieser verzwickten Sachlage wäre eine höchst zweifelhafte Übersetzungsleistung zu befürchten; tatsächlich hat Schmidt sich aber Mühe gegeben und eine deutsche Fassung geliefert, die sich frisch und stimmig liest, sich nur selten unnötig weit von Faulkners Originaltext entfernt und (sieht man einmal von der erratischen Kommasetzung ab) außerhalb des Vorworts auch kaum Schmidtsche Sprachmarotten enthält – unangenehm auffällige Wendungen aus Schmidts Stilkiste wie „sein Geträum“ (S. 86) oder „auszugehen pflag“ (S. 106) bleiben die absolute Ausnahme. Zu bemängeln ist lediglich eine rassistische Umsetzung des Schwarzenjargons in der Erzählung „Sonnenuntergang“ (S. 120: „ich wollen doch bloß nach Af'ika rüber. Ich können Überfahrt bezahlen“),

---

sein meiner Aufgabe ‹Hemingway, sowohl Fiesta als auch Haben und Nichthaben.› »Nee,« lehnte ich ab, »ich bin mehr für die Spitzen der US-Entwicklung, so Poe und Cooper: was soll ich da mit dem missing link – ?«. »Und Wolfe und Faulkner?«. »Und Wolfe und Faulkner.«“

3 Tagebucheintrag Arno Schmidts, 20.5.60; zitiert von Bernd Rauschenbach im Nachwort des hier rezensierten Bandes, S. 223.

4 Arno Schmidt an Alfred Andersch, 16.8.60; zitiert von Rauschenbach ebd.

5 Vgl. Arno Schmidt, „Der Platz, an dem ich schreibe“, in Bargfelder Ausgabe, Bd. III/4 (Zürich: Haffmans 1995), S. 28-31, hier S. 31: „Wer derart lange, unter Nes=Kaffee=Druck, an JOYCE übersetzt hat, oder FAULKNER“.

die vom Original[6] keineswegs gedeckt ist. Hier ist Schmidt leider einer damals noch üblichen Stilkonvention zum Opfer gefallen.

Der Glücksfall dieser Übersetzung war möglich, weil Schmidt die Phase seiner zum schnellen Broterwerb hingeschluderten frühen Übersetzungen überwunden, aber noch nicht damit begonnen hatte, die von ihm zu übersetzenden Autoren sprachlich dem eigenen Werk einzugliedern. In dieser Hinsicht der Faulkner-Übersetzung vergleichbar sind allenfalls zwei weitere Übersetzungen Arno Schmidts, nämlich Pietro di Donato (*Das Fest des Lebens*, von August bis November für Nannen übersetzt) und Stanley Ellin (*Sanfter Schrecken*, um die Jahreswende 1960/61 für Goverts), wobei Faulkner von diesen Autoren mit Abstand der literarisch avancierteste ist. Daß Schmidt gerade für diese Avanciertheit wenig Verständnis aufbrachte, zeigt sich an seinem Vorwurf vom angeblich verlogenen falschen Ton Faulkners, denn das, was Schmidt hier meint, ist wohl gerade die von Faulkner in diesen frühen Texten im Kern schon entwickelte und in seinen späteren Romanen vervollkommnete Technik, aus den Perspektiven seiner Figuren heraus zu erzählen, die Sprache dieser Figuren aber mit stilistischen Überhöhungen aufzuladen. Für Schmidt selbst, der (zumindest bis einschließlich *Zettel's Traum*) immer monoperspektivisch aus der Sicht einer ihm selbst recht nahe verwandten Figur heraus erzählte, muß Faulkners Verfahren befremdlich und ‚unnatürlich' gewesen sein.

Wenn Schmidt Faulkner erfreulicherweise nicht so übersetzte, daß der Text stilistisch im eigenen Werk aufging, so ist die Faulkner-Übersetzung indirekt aber ja

---

6 Vgl. William Faulkner, *New Orleans Sketches*, hg. v. Carvel Collins (Jackson: University Press of Mississippi 2002), S. 77: „I jest wants to go to Af'ica. I kin pay my way."

doch in Schmidts Werk eingegangen, nämlich als Thema der schalkischen eigenen Erzählung „Dr. Mac Intosh: ‹Piporakemes!›“, in der Schmidt in wunderbarer Selbstironie seine Übersetzung von einem fiktiven akademischen Faulkner-Kenner verreißen läßt und sich selbst souverän karikiert. Diese Erzählung ist eine herzerfrischende Beigabe der Neuausgabe von *New Orleans*, die komplettiert wird durch ein Nachwort von Bernd Rauschenbach, der darin anschaulich nachzeichnet, wie Schmidt an seinen Übersetzungsauftrag kam und wie er damit umging. Eine These, wer hinter dem „Dr. Mac Intosh“ von „‹Piporakemes!›“ stecken könnte, stellt Rauschenbach auch gleich noch auf.

Ergänzen ließe sich, daß Kleinstpartikel aus Schmidts Faulkner-Übersetzung später Eingang finden in Schmidts Erzählung „Schwänze“ („und wenn er so lange Haare dran hat!“[7]) und *Zettel's Traum* („das denket Mir wohl noch“, „Der Geist der Controverse erhält die Welt im Gang“, „mit Mund & Hand gleichzeitich“[8]).

---

[7] Arno Schmidt, „Schwänze“, in Bargfelder Ausgabe, Bd. I/3 (Zürich: Haffmans 1987), S. 313-333, hier S. 319. Vgl. S. 96 der Faulkner-Übersetzung: „Und Keiner, und wenn er noch so lange Haare dran hat, braucht mir'n Rat zu geben.“

[8] Arno Schmidt, *Zettel's Traum* (Stuttgart: Goverts Krüger Stahlberg 1970), S. 475, 901, 1085; dasselbe in der gesetzten Fassung, Bargfelder Ausgabe, Bd. IV/1 (Berlin: Suhrkamp 2010), S. 481, 971, 1097. Vgl. in der Faulkner-Übersetzung S. 39: „Und an der Stadtmauer Yemens traf ich Eine, das denket mir wohl noch, die hatte rote Haare“, S. 130: „Wettbewerb gibt's überall: Wettbewerb hält die Welt im Gange“; S. 55: „Eine Taxe kam vorbei, und er rief ihr mit Mund und Hand.“

Falsche Füchse, phallische Pferde
Ein Reitroman von John Hawkes

Der amerikanische Romancier John Hawkes (1925-98) hat seinen vierzehnten Roman[1] *Whistlejacket* genannt – nach einem Pferd. Einen Pferderoman im landläufigen Sinn kann freilich nur der erwarten, der Hawkes nicht kennt. Wer ihn kennt, ist auf der Hut und horcht den Titel auf andere Sinnschichten ab. *Whistle* heißt soviel wie Pfiff oder Pfeife; *jacket* ist ein Mantel, auch ein Geschützmantel. Wer beiden Begriffen sexuelle Untertöne abliest, liegt gewiß nicht verkehrt und gewinnt den richtigen Blick für die Kameraobjektive, die Jagdhörner und die Reitgerten, die in diesem Buch zwangsläufig vorkommen. „Bedeutungsvoll, bedeutungslos, das alles“: bedeutungsvoll, weil es in der Tat nur um die Begierde geht, und doch bedeutungslos, weil die Sexualsymbole nichts enthüllen, was nicht ohnehin schon allgegenwärtig ist. Die Bemäntelung der ragenden Pfeife ist dünn, und sie verdeckt nicht, sondern unterstreicht.

Whistlejacket entwirft (entsprechend einer seiner geheimen Vorlagen, des im Titel angespielten Romans *Whitejacket* von Melville) eine rasante Story, doch jede Nacherzählung der Geschichte täte dem Buch Unrecht: es braucht nicht die zusammenfassende Komprimierung, sondern die stückelnde Zerdehnung. Nennen wir also, als stünden sie unverbunden nebeneinander, einige der Ingredienzien beim Namen. Da ist der Mode- und Mädchenfotograf Mike, ein „junger Mann der alten Schule in einem neuen Leben“, der dem Buch seine Stimme leiht. Da

---

[1] John Hawkes, *Whistlejacket*, üb. v. Werner Schmitz (Ravensberg: Selinka 1990).

ist der Pferdemaler und -anatom George Stubbs aus dem 18. Jahrhundert, der tagsüber Aristokraten porträtiert und nächtens Pferde seziert, um die Oberflächen der Körper aus dem Verständnis der Tiefen heraus besser malen zu können. Da ist der große Reiter Hal O. Van Fleet, der seiner jungen Frau beiläufig eröffnet, er werde sich als dauernde Bettgenossin eine ebenso junge Nachbarin ins Haus holen. Da sind frühpubertäre und senile Gelüste, die al fresco in Szene gesetzt werden. Da ist der Unfalltod Hals zu Hufen seines Hengstes Marcabru. Und da ist als ständiges Kraftzentrum Stubbs' lebensgroßes Gemälde des sich phallisch aufbäumenden Whistlejacket an der Wand.

Der anatomisch geschulte Stubbs läßt unter der gemalten Haut das Spiel der Muskeln zutagetreten, und ebenso liegen unter dem transparenten Schleier ihres Verhaltens die Beziehungen zwischen den Figuren bloß – und verbergen unter dieser Blöße doch wieder anderes. Bevor noch der Leser die untergründigen Spannungen recht erspüren kann, entladen sie sich in schattenloser Handlung; gerade dadurch aber werden die wirklichen Geheimnisse gewahrt. Mike negiert das eigentlich folgerichtige erotische Interesse an seinen Modellen und gewinnt gerade in der Unbeirrbarkeit der Sexualignoranz höchste geschlechtliche Aussagekraft. Lady Nelthorpe, die sich von Stubbs porträtieren läßt, entblößt einladend ihre Oberschenkel und bestärkt den Maler damit doch nur in den ihn verzehrenden anatomischen Plänen. Hal hat seine Frau nie stärker verletzen können als mit seiner Ankündigung, zu ihren Gunsten fortan auf andere Frauen verzichten zu wollen. Und sein tabuisierter Unfalltod war ebensowenig ein Unfalltod, wie Stutenbrunst und Ehefrieden in eins fallen. Je mehr der Fotograf ausleuchtet, desto mehr stößt er ins Dunkel.

Gegen Ende seines Buches schildert Hawkes stilecht – und damit dem geneigten Hawkes-Leser kaum erträglich

– eine turbulent gegen den Strich gebürstete Fuchsjagd. Ein Fuchs ist der Autor zweifelsohne, und mit sichtlicher Freude legt er falsche Fährten. Ein professionell fotografierender Ich-Erzähler und ein reflexionshängiger Leinwandvirtuose in einem einzigen Buch – das sind gleich zwei potentielle Sprachrohre für den Wortkünstler, doch der zieht es vor, seine Stimme zu verstellen. Der Fotograf Mike legt sich Rechenschaft ab: „Leise registrieren meine Kameras, erst die eine und dann die andere, das Bild, nicht die Handlung, beziehungsweise die Handlung und daraus das Bild. Zwei Worte, die für mein Leben und meine Kunst wesentlich sind. Handlung und Bild.“ Das ist, auf Hawkes zurückbezogen, allenfalls die halbe Wahrheit – und Halbwahrheiten sind die effektivsten aller Lügen.

Whistlejacket steckt randvoll mit Bildern, doch es sind allesamt Bilder in Bewegung: Bilder in Geschichten. Alles ist Story, alles wird mit allem in einen Erzählzusammenhang und jeder mit jedem in einen erotischen Zusammenhang (oder deren wirkungsvollste Spielart, die erotische Ignoranz) gebracht, und wenn dieses Zuviel an Geschichte überhaupt noch erträglich ist, dann nur wegen der diskontinuierlichen, sprunghaften Erzählorganisation und wegen der unauflösbaren Restgeheimnisse. Geschichten sind dem Sprachbildner Hawkes also keineswegs ein Greuel – nur: die Beziehung zwischen Bild und Handlung steht kopf, und zwar auf dem Kopf der Imagination. Wo Bilder üblicherweise als Dokumente oder Relikte angesehen werden, die von einem Geschehensablauf, einer Vor-Geschichte hervorgebracht werden, sind sie bei Hawkes jenes Urmaterial, aus dem Geschichten erst entstehen. Die Geschichten werden also nicht aus den Bildern rekonstruiert, sondern von ihnen und ihren Betrachtern neu konstruiert in der imaginativen Verknüpfung. Nirgendwo wird das deutlicher als bei den Van-Fleetschen Familienfotos, die der Erzähler Mike durchsieht: er holt aus ihnen die Handlung des Buches heraus, indem er das Imaginationspotential dem Erinnerungspotential vorzieht. Der Rekonstrukeur erschafft erst die Vergangenheit, der Reporter entwirft die Geschichten, der Rechercheur stiftet den Mord.

Der hochimaginative Metaphoriker John Hawkes entwirft Welten von unvergleichlicher Bildkraft, und er verknüpft seine Bildabläufe zu ästhetischen Strukturen, die jenem Leser entgehen, der nur die Geschichten wahrnimmt. In *Whistlejacket* wird diese Struktur von Dreiecken bestimmt: das Buch hat drei Teile; in jedem dieser Teile taucht an unscheinbarer Textstelle ein konkretes Dreieck auf (und nie ohne erotische Konnotationen); die Figuren werden immer wieder zu (zwangsläufig ungleichgewichtigen) Dreiecksbeziehungen verknüpft. Das Foto und das Gemälde haben, natürlich, vier Ecken; sie müssen entweder durch ein auskreuzendes X zu vier Dreiecken oder durch einen Diagonalschnitt zu deren zweien zerteilt werden. Die Lichtkegel zweier Scheinwerfer, auf ein Motiv des Lichtbildners gerichtet, umschließen einen spitzwinkligen Schatten, und dieses schwarze Dreieck, in dem der Fotograf sich postieren muß, ist das geheime Zentrum von *Whistlejacket*.

Darüber freilich legt sich eine umfassendere Dreieckskonstellation, nämlich die aus Bild, Imagination und Handlung. Sie ähnelt dem dreieckigen Gesicht eines strukturellen Fuchses, und der heißt John Hawkes.

„Die Geschichte? Stets dieselbe.“
Zu einigen Büchern von Raymond Federman

1

Jedem, der das Schicksal von Raymond Federman kennt, muß es schwerfallen, seine Bücher so zu lesen, als gebe es des Autors Schicksal nicht. Raymond Federmans persönliche Geschichte wurde am 16. Juli 1942 an das dunkelste Kapitel der Geschichte unseres Jahrhunderts gekoppelt; die entscheidenden Ereignisse des Romans *betrifft: Sarahs Cousin*[1], der konkrete Orts- und Zeitangaben ansonsten konsequent eliminiert, vollziehen sich ausdrücklich „Im zweiten Jahr der Invasion, am 16. Juli – um es authentischer zu gestalten“. Die Frage nach der Authentizität ist allzu knifflig, um voreilig beantwortet zu werden; stellen wir zunächst eine andere: ist der Stoff dieses Romans Geschichte? Oder sind es vielmehr Geschichten – Stories statt der Historie?

Der Geschichten in *betrifft: Sarahs Cousin* jedenfalls sind viele. Geschichte Nr. 1: die neunjährigen Sarah entgeht der Deportation in die Todeslager, weil sie von der Mutter zum Einkaufen geschickt wurde; sie wird von einer Prostituierten versteckt, dann – unter nicht ganz aufgeklärten Umständen – von einem Priester umsorgt. Geschichte Nr. 2: Cousin und Cousine, einzige Überlebende ihrer Familien, treffen sich nach Kriegsende, tun sich zusammen, erzählen einander fragmentarisch die Umstände ihrer Rettung; der Cousin blieb im Wandschrank unentdeckt, die Cousine ist Sarah. Geschichte Nr. 3: bei einem außerplanmäßig langen Zwischenstop auf

---

[1] Raymond Federman, *betrifft: Sarahs Cousin*, Roman, üb. v. Peter Torberg (Frankfurt a.M.: Suhrkamp 1991).

dem Flughafen jener Stadt, in der alles begann, auf dem Weg vom Land der Möglichkeiten, in dem er lebt, ins gelobte Land falscher Versprechungen, in dem sie lebt, erinnert sich der Cousin an die unvollendeten Berichte Sarahs. Geschichte Nr. 4: in getrübter Stimmung wegen eines Bombenattentats im Zentrum ihrer Hauptstadt, wartet Sarah auf die verzögerte Ankunft ihres Cousins; sie stellt sich vor, wie es war und wie es sein wird. Geschichte Nr. 5: ein Schriftsteller schreibt Briefe an einen befreundeten Kollegen und entwirft die Inhalte eines Buches, das er nicht zustandebringt; es soll die Wiederbegegnung von Cousin und Cousine schildern. Hinzu kommen einige eher nebensächliche Geschichten, die in dem Schachtelsystem aus Binnen- und Rahmenhandlungen nicht funktional aufgehen, sondern es ornamental umranken: die Geschichte vom sentimentalen Waisenmädchen, das auf den Strich gehen muß; die Geschichte von Sarahs Sohn und jene von der Tochter ihres Cousins; die Geschichte von Hund und Katze des briefeschreibenden Schriftstellers, die Sam und Didi heißen und keine andere Signifikanz preisgeben wollen als die einer verdeckten Hommage an den verstorbenen Samuel Beckett.

Die Projektionsschachtelung als Prinzip des Erzählprojekts ist unschwer auszumachen, bietet aber keine dem Realismus verhaftete Konsequenz: der Erzähler teilt Einzelheiten mit, die seine Figuren gar nicht wissen können. Zwischen dem briefeschreibenden Schriftsteller und den Figuren, von denen er berichtet, besteht also ein qualitativer Sprung; der Autor, der seinen Roman zwar nicht schreibt, aber doch korrespondierend entwirft, ist nicht das letzte Glied einer Informationskette, sondern stellt in seltsam unkoketter Koketterie seine Erfinderrolle heraus. Er beginnt seinen ersten Brief mit einer Konstruktionsgeste: „Hör mal ... nehmen wir an, die Geschichte beginnt damit, daß [...]“; er sucht die Rückversicherung beim (stummen) Briefpartner: „Begreifst Du, was ich hier auf die Bühne zu bringen versuche?“; er konkretisiert sukzessive seine Fiktionsfiguren, etwa den Cousin: „Ja, ich habe mich entschieden, ihn für einen Bildhauer zu halten.“ Diese Kreationsfloskeln und die fortgesetzte Selbstreflexion im Plauderton über Möglichkeiten, Grenzen und Schwierigkeiten des Erzählprojekts wandeln das ganze Unternehmen vom psychologisierenden Bericht zum kreationspsychologischen Planspiel – zur auf Symmetrie hin angelegten Versuchsanordnung, deren Gelenkstellen weniger durch inhaltliche als durch Formprobleme markiert werden: „Die Frage, die ich mir stelle, hat allerdings mit der Geschichte nichts zu tun. Die Geschichte? Stets dieselbe. Die Frage nach Klang und Form der Geschichte ... ihrer Geometrie.“

Die symmetrische Geometrie äußert sich in Details, die zwar nicht aufdringlich daherkommen, aber doch unschwer auszumachen sind. Die Cousine liebt in ihrem Sohn den verlorenen Cousin; der Cousin liebt die Cousine in seiner Tochter. Die Cousine verlor ihre Familie und stand allein da; die Tochter des Erzählers stellt sich auf eigene Füße, indem sie zuhause auszieht und „dort ein Loch“ zurückläßt. Sarah richtete sich nach Kriegsende in einem Kellerloch ein; der Erzähler ringt sich seine Geschichten „im Keller meiner eigenen Verzweiflung“ ab. Das Trauma der alogischen Erinnerungen wird also zu choreographisch strengen Schrittfolgemustern formalisiert, und auf diese Weise gelingt es Federman, beinahe leichtfüßig mit seiner eigenen Geschichte umzugehen, statt in ihr unterzugehen. Der Roman *betrifft: Sarahs Cousin* ist – wie schon zuvor der Text *Die Stimme im Schrank*[2] – nicht die Klage dessen, der nicht vergessen

---

2 Raymond Federman, *Die Stimme im Schrank*, üb v. Peter Torberg (Hamburg: Kellner 1989).

kann, sondern der Versuch, das Unvergeßliche in eine erträgliche Form zu bringen, mit der sich ästhetisch umgehen läßt. Federman, der im Wandschrank überlebte, will seine persönliche Geschichte nicht zur paradigmatischen hochstilisieren, sondern exemplarisch als eine unter unzähligen ebenso signifikanten identifizieren: „Ein Thema so gut wie jedes andere“.

Freilich läßt Federman bei seiner schriftstellernden Erzählerfigur den Versuch der Aufhebung durch Formalisierung umschlagen ins Gegenteil. Das Buchprojekt dieses Erzählers, der nichts als seine Briefe zu Papier bringt, scheitert – und es muß scheitern, um die Dialektik des Federmanschen Authentizitätskonzeptes zu demonstrieren: „Alles Mist. Keine Form, keine Musik in den Worten. Hier bin ich also, wieder mal gestrandet.“ Der angestrebte Roman erweist sich als Ding der Unmöglichkeit, und gerade darin liegt seine Authentizität. Eigentlich hätte es das Ziel des Erzählers sein sollen, die reale Geschichte durch ihre Umwertung zu realisierten Geschichten handhabbar zu machen getreu der eingespielten Schreibpraxis: „Früher war ich in der Lage, mich selbst durch erfundene Geschichten in eine Vollkommenheit zu versetzen, aber nicht mehr in letzter Zeit.“ Zwar ist es ohnehin klar, daß das Chaos der erlittenen Realität sich nicht verstehen läßt, sondern allenfalls ordnen, nämlich durch jenes Schreibritual, das die Fakten zur Fiktion umdefiniert: „Wichtig ist die Darstellung und nicht die Realität der Ereignisse.“ Doch auch diese narrative Ordnungsarbeit am historischen und biographischen Chaos bleibt Fragment und damit der Absenz von Ordnung ausgeliefert. „Ich denke also wieder mal über eine Geschichte nach, die aus nichts anderem besteht als den Spekulationen über die Möglichkeit, diese Geschichte zu erzählen. Ich bin nicht zu retten.“

Zu retten ist nichts: es gibt nur *Un*möglichkeiten, diese Geschichte zu erzählen – und es gibt Möglichkeiten, sie *nicht* zu erzählen. In *betrifft: Sarahs Cousin* sucht Federman genau diese Möglichkeiten auszuloten, indem er die Erfahrung des Nichterzählenkönnens erzählt. Der Roman wird erst möglich, indem er seine Möglichkeit negiert: als Beschreibung dieses Negationsprozesses. Das mag kleingen wie eine formalästhetische Finte, und vielleicht ist sie das auch – aber jede Form ist eine Finte, indem sie das Chaos künstlich und künstlerisch organisiert, und wer auf solche Finten verzichten will, dem bleibt nur die Erduldung des traumatischen Chaos im Schweigen.

Raymond Federman schweigt nicht, und er läßt seine Figuren nicht schweigen; seine Figuren aber wissen so gut wie er selbst, daß das Reden, das stets fiktionalisierende Erzählen der Geschichte, auch keine Abhilfe schafft. Es kann nicht darum gehen, Antworten zu geben, sondern nur darum, die eine Frage zu stellen und in der Geometrie eines Textes zu organisieren. Die Frage zielt in die Vergangenheit der eigenen Geschichte, doch sie lautet nicht: woher komme ich? Die Frage heißt vielmehr: warum bin ich, wo ich bin; warum gerade ich, und warum nur ich? Alle Geschichten Federmans stellen diese Frage, und das lakonische Achselzucken derer, denen sie gestellt wird, ist das eigentlich Authentische, die authentische Form nämlich, an den Texten Raymond Federmans. „Und während ich Cousin und Cousine weiter zuhörte, während ihre Gesichter in der Dunkelheit verschwammen, begriff ich, daß ihre Geschichte stets unbeendet bleiben wird ... und dennoch, obwohl der Schlaf endlich zu mir kam, schob ich ihn beiseite, um den beiden weiter zuzuhören ...“

2

Der Schriftsteller Hanns-Josef Ortheil war es, der sich in einer als Rezension von Raymond Federmans Poetik-Lektionen *Surfiction: Der Weg der Literatur* getarnten dummdreisten Polemik in der *Zeit* heftig gegen Federman im besonderen und selbstreflexive Literatur im allgemeinen ereiferte: „Lesen ist restriktiv und langweilig geworden, meint Federman – kein Wunder bei so viel Selbstreflexion.“[3] Daß diese blindwütige Bausch-und-Bogen-Attacke ausgerechnet von einem Jean-Paul-Biographen kommt, mag in besonderer Weise überraschen, wäre doch Jean Paul (wie Laurence Sterne und Herman Melville) ein schönes Beispiel für Federmans (von Ortheil veralberte) Behauptung, „daß Schriftsteller einfach nur die Unmöglichkeit zu schreiben offenbaren.“ [4] Aber auch als schöpferischer, an Sprache interessierter Schriftsteller muß sich Ortheil fragen lassen, ob denn nicht gerade dies poetisches von pragmatischem Sprechen unterscheidet: daß es auf sich selbst verweist, also in der einen oder anderen Weise selbstreflexiv ist.

Vielleicht liegen Ortheils Probleme darin, daß er Prosa (auch fiktionale) immer noch nicht recht als poetisches Sprechen gelten lassen kann, sondern ihr eine Pragmatik des Mitteilens abverlangt; solange man sich dagegen sperrt, daß Romane gleichzeitig auch Gedichte sein können, mag man der sogenannten erzählerischen Prosa jenes Maß an artifizieller Reflektiertheit übelnehmen, das an Lyrik zu kritisieren niemandem einfiele. Um so sinniger ist es, daß fast gleichzeitig mit Ortheils Attacke Raymond Federmans erster Lyrikband in deutscher Sprache (genauer: zweisprachig englisch / deutsch) erschien:

---

[3] Vgl. Hanns-Josef Ortheil, „Der Tod der Literatur oder Raymond Federmans Hamburger Lektionen. Hauptsache selbstreflexiv!“, in *Die Zeit*, 14. August 1992.

[4] Raymond Federman, *Surfiction: Der Weg der Literatur. Hamburger Poetik-Lektionen*, üb. v. Peter Torberg (Frankfurt a.M.: Suhrkamp 1992), S. 14.

Nun denn[5]. Die hier versammelten Gedichte (die man eigentlich lieber neutral „Texte“ nennen möchte, liefe man dann nicht Gefahr, erneut den echtheitssüchtigen Ortheil mit seiner Welterzählungs-Meßlatte auf den Plan zu rufen), unterscheiden sich von Federmans zuvor auf deutsch vorgelegten Arbeiten im Prinzip nur daddurch, daß sie kürzer sind.

Der Untertitel der Sammlung, „Auto...Bio...Graphic“, benennt nicht nur ihre drei Teile (deren dritter im weiteren Sinne konkrete Poesie enthält), sondern auch ihre Ich-Perspektive. Federman schafft sein Werk aus äußeren wie inneren Erfahrungen der eigenen Person heraus: er stellt sich frei („Einsamkeit ist unser Traum vom Paradies“), verbirgt sich zwar „hinter dem Schild der Poesie“, der aber nicht wie ein Wand-, sondern wie ein Röntgenschirm funktioniert, und sucht das Dauerflimmern eines fortwährenden Blutaustausches zwischen Geschichte, Privatissima und Geschichten. Wenn Ortheil Federman den Slogan „weg mit dem Autor“ anhängen will, so ist dies wahrlich infam; jede Zeile Federman ist eine Zeile Federmanscher Selbstbeschreibung oder Selbsterschreibung oder Selbstverschreibung oder Selbstentschreibung. Wie das funktioniert und daraus ein Werkkosmos wird, verrät das Gedicht „Mir auch“:

> Ich entdopple entdopple entdopple
> Ich multiplizierie multiplizierie multiplizierie
> Ich spiele verstecken verstecken mit mir selbst
> Ich unterunterunterteile
> [...]
> Ich sehe mich gesehen sehe mich gesehen
> Ich wende die Duzform mir gegenüber an

---

[5] Ramond Federman, *Now then / Nun denn. Auto... Bio... Graphic*, Poems / Gedichte, üb. v. Peter Torberg u.a. (Eggingen: Edition Isele 1992).

Der Werkkosmos erwächst aus einem Ensemble immer wieder aufs neue variierter Elemente, und der erfahrene Federman-Leser wird auch in *Nun denn* viele Details wiederfinden, die er anderswoher kennt: „vom „kotigen Päckchen / aus Angst in meinen Händen“ über das „ich rutschte auf der zwölften Stufe aus“ bis zur quälenden Erkenntnis, „daß man immer / darunter leide nicht genug zu leiden“. Dieser Kosmos hat natürlich mit Federmans Lebensgeschichte zu tun, mit seiner Überlebensgeschichte; Federmans ganzes Werk erwächst aus der Spannung zwischen der Notwendigkeit des Autors, sich mit seiner Geschichte zu befassen, und der ebenso großen Notwendigkeit, diese Geschichte zu Geschichten, zu Fiktionen, zu Spielsituationen zu formen, um sie überhaupt aushalten zu können. Die Zuflucht des überlebenden Autors kann nur darin liegen, seine private Vergangenheit in den vergegenwärtigenden Blick eines Spiegels zu nehmen, der aber einen gewissen Mindestabstand wahrt (wobei dieser Mindestabstand das ist, was üblicherweise Form genannt wird):

> Schreiben
> sein Leben schreiben
> heißt einen Weg gehen
> der nirgendwohin führt
> doch zur Ganzheit
> der eigenen Existenz
> parallel läuft

Die allseitige, multiplizierende Selbstbespiegelung, die einem oberflächlichen Leser wie eitles Kokettieren scheinen könnte, ist darum nichts weniger als das, sondern eher schon der Versuch, das traumatisierte Selbst in der Fiktionalisierung aufzuheben (dies wohlgemerkt im doppelten Wortsinne). Das gilt auch für die fast allen Federman-Texten eigene Eleganz und den dadurch erweckten Anschein des Oberflächlichen: dies ist tatsächlich eine (oft nur hauchdünne) Oberfläche, unter der sich fundamentale Traumata und eine tiefe Verzweiflung verbergen. Mehr noch als die Affinität des formalen Geschmacks ist es diese nicht zu stillende, nur zu gestaltende Verzweiflung, die das Werk Raymond Federmans an dasjenige Samuel Becketts bindet. Mit Bckett verknüpft Federman übrigens genau besehen sogar ein Stück seiner Biographie: am 16. Juli 1942, als der 14jährige Federman versteckt in einem Pariser Wandschrank dem Zugriff der Hitlerschen Mordchergen um Haaresbreite entging, war Beckett bereits auf der Flucht aus Paris – auch er der Gestapo nur denkbar knapp entronnen. Im Unterschied zu Federman hat Beckett dieses Erlebnis nie Eingang in sein Werk finden lassen, dessn Verzweiflung statt dessen eine Existenzialerfahrung jenseits von Einzelerlebnissen ist. Vielleicht hat es auch damit zu tun, wenn Federman, in seinen „Notizen für Sam" bewundernd formuliert:

> **Wie** er das Überflüssige
> aussonderte
> um elementare Töne
> vorzubringen.

Anspielungen auf Beckett finden sich auch außerhalb dieser Hommage in vielen Gedichten von *Nun denn*, was dem deutschsprachigen Leser allerdings nicht immer erkennbar ist. Im Anhang steht der Satz: „Die Übersetzung der Gedichte wurde vom Verfasser autorisiert"; er ist ein weiterer Beweis dafür, wie wenig solche Autorisierungen über die Qualität von Übersetzungen aussagen. Gewiß, die von Karin Graf, Joachim Sartorius, Eva Taubert und vor allem Peter Torberg stammenden deutschen Fassungen sind prinzipiell meist durchaus gelungen, aber zumindest literarische Anspielungen werden fast immer verhunzt. Dazu nur ein Beispiel. In „Old Skin" schreibt

Federman: „lots of qua qua / yes that's how it is"; er zitiert Becketts Wendung „qua qua" und benennt gleich die Quelle, nämlich die Prosa *How it is* (deutsch: *Wie es ist*). Torberg aber übersetzt: „eine Menge Blabla / ja so ist es wohl". In der Tat ...

3

Und noch ein Buch von Raymaond Federman; *Der Pelz meiner Tante Rachel*[6] heißt es. Ein Mann, 28jährig und Raymond mit Vornamen, sitzt in einem Pariser Bistro und quasselt auf eine Zufallsbekanntschaft ein, einen namenlosen Zuhörer. Er erzählt, wie er eben nach Frankreich zurückgekehrt ist nach zehn Jahren in Amerika; er erzählt von seinen widerlichen Verwandten, geizigen alten Knackern, die ihn im Stich gelassen haben; er erzählt, wie er als Zwölfjähriger knapp dem Abtransport ins Konzentrationslager entgangen ist, in dem seine Eltern und seine Schwestern ermordet wurden; er erzählt von dem Nudelroman, den er geschrieben hat. Er erzählt, kurz gesagt, all das, was sich in den unterschiedlichen Brechungen, Versionen und Umschichtungen immer wieder findet in den Büchern Raymond Federmans. Am wenigsten erzählt er noch von seiner Tante Rachel und ihrem Pelz, nach dem Federman diesen in französischer Sprache geschriebenen Roman benannt hat.

Vor allem erzählt Raymond, der fiktive Raymond, das alles vollkommen chaotisch und unsortiert. Er widerspricht sich ständig, vergißt, was er zuvor gesagt hat, und bringt die Dinge durcheinander. Drei Jahre nach dem Krieg will er nach Amerika gegangen sein, zehn Jahre soll

---

6 Raymond Federman, *Der Pelz meiner Tante Rachel. Ein improvisierter Roman ...*, üb. v. Thomas Hartl (Leipzig: Faber & Faber 1997).

das jetzt her sein – und doch erwähnt er plötzlich Le Pen und Ronald Reagan und sieht mit seinem Nudelroman den Postmodernismus überwunden. „Scheiße ich muß dir noch so viele Sachen erzählen", plappert er auf sein Gegenüber ein, will vorgreifen, merkt dann aber, daß er Dinge ausgelassen hat, die er dann mit einem ungeschickten „he warte, ich hätte dir sagen müssen" oder „ich habe vergessen dir zu sagen" nachzutragen versucht. Wir hören nur diese Stimme, hören ihren heruntergehaspelten Monolog, der nur durch Absätze und Kommata strukturiert ist. Die offenbar zahlreichen Einwürfe des Gegenübers hören wir nicht – nicht direkt; sie werden, wo nötig, von Raymond in seinem Monolog wiederholt, „weil" – so sagt er – „weil du dich schließlich außerhalb des Textes befindest, off-stage sagt man bei uns".

Dieser Text von Raymond Federman ist wieder einmal ein metaliterarisches Spiel, ein Spiel mit der Fiktionalität des Realen und der Realität des Fiktionalen. „Mir ist die Realität scheißegal", erklärt der Redende, „das ist doch alles Fiktion was ich dir hier gerade erzählte, das ist ein Roman, ich erfinde in dem Maße wie ich weitererzähle, ich improvisiere." Und wenn dem, was er erzählt, jede Kohärenz, jede Stimmigkeit fehlt, so tut er das mit einer Geste ab: „Das ist ja das Schöne am Romangeschwafel, du kannst egal was egal wie zu welcher Zeit sagen."

Wenn der Redende auf diese Weise ständig sein eigenes Tun kommentiert, so ist das für Raymond Federman gewiß nicht neu, denn solange er schreibt und veröffentlicht, gilt für ihn, was sein plappernder Erzähler in diesem Text sagt: „Ich kann nicht schreiben wenn ich mir nicht selbst beim Schreiben zusehe, das ist blöd aber so ist es nun mal." Immer wird dieser Akt des Sichselbstzusehens mitartikuliert, und so nimmt es nicht wunder, daß viele der autofiktionalen, der selbstreflexiven Bekundungen Raymonds in diesem Text jene Überlegungen spiegeln, die der Autor Federman auch außerhalb seiner Fiktionen immer wieder angestellt hat – etwa die, autobiographisches Schreiben sei ihm nur möglich, indem er von jedem Ereignis mehrere Versionen entwerfe, von denen keine ein „wirkliche Fassung" sein könne, oder auch die beharrlich vertretene Auffassung, „alles ist ein Spiel, alles im Leben muß ein Spiel sein, sonst ist das Leben tödlich". Federmans Schreiben ist immer Selbstdemontage, weil es fortwährend jede Illusion von Authentizität zerstört; „enough of this verbal shit".

In *Der Pelz meiner Tante Rachel* nun geht diese Selbstdemontage aber noch ein entscheidendes Stück weiter: Sie richtet sich nun auch gegen die metaliterarischen Tricks, der sie entspringt, selbst. So sehr nämlich die konzeptionellen Exkurse des plappernden Erzählers Raymond den bekannten Vorstellungen des Autors Federman entsprechen, so deutlich werden sie doch hier als floskelhafte Ausflüchte einer Erzählstimme desavouiert, die weder zu faszinieren noch zu überzeugen vermag, weil sie geradezu läppisch oberflächlich bleibt. Bei Raymond paart sich Dilettantismus mit Arroganz („diese dummen Ärsche von Kritikern"), das macht vor allem ein eingeschobener Monolog klar, dessen Opfer eine Verlagslektorin ist, der Raymond seinen Nudelroman anzudrehen versucht. Schlimmer für uns als Leser ist aber etwas anderes: während Federman sich in seinen früheren Romanen als eleganter Stilist offenbarte, gibt er sich in diesem alle Mühe, den mündlichen Plapperton so nachzubilden, wie er in natura ist: unsäglich platt und zum Gähnen langweilig.

Die Konsequenz, mit der Raymond Federman in *Der Pelz meiner Tante Rachel* die Literarizität des Textes demontiert und desauvouiert, ist von einer unerhörten Raffinesse; den Leser freilich muß sie mißvergnügt zurücklassen. Das hier will ein schlechtes Buch sein und ist es auch; von den Texten in Buchlänge, die es von Federman gibt, ist dieser ganz entschieden der schwächste. Das ist ein wenig schade, verstellt es doch zumindest demjenigen Leser, der Raymond Federmans frühere Arbeiten nicht kennt, den Blick darauf, daß er es hier trotz allem mit einem der interessantesten und außergewöhnlichsten Autoren der amerikanischen Gegenwartsliteratur zu tun hat.

Die Wonnen der Künstlichkeit
Gilbert Sorrentinos Romanroman
Mulligan Stew

In Flann O'Briens schlitzohrigem Kultroman *In Schwimmen-zwei-Vögel* schreibt ein namenloser Möchtegernromancier einen Roman über Dermot Trellis, Inhaber des Hotels „Roter Schwan" und Möchtegernschriftsteller, der an mehreren Romanen arbeitet. Für einen davon erfindet Trellis die hübsche Sheila Lamont, die so proper gerät, daß ihr Autor ihren Reizen nicht widerstehen kann und sie vergewaltigt. Sheila stirbt im Kindbett, doch ihr Bruder Antony Lamont, von Trellis dazu ausersehen, die Schwester zu rächen, tut eben dies: er verbündet sich mit anderen von Trellis erfundenen Figuren und stiftet den illegitimen Sohn von Trellis und Sheila an, seinerseits einen Roman zu schreiben, in dem Trellis von seinen Figuren übel zugerichtet und vor Gericht gestellt wird.

Mit O'Briens Buch ist Lamonts Rache aber nicht beendet. Lamont rächt sich an seinem wie an dessen Autor, indem er bekundet: „Die Idee eines Romans über einen Schriftsteller, der einen Roman schreibt, ist nun wirklich ein alter Hut." Natürlich darf Lamont das nicht in *In Schwimmen-zwei-Vögel* sagen, sondern er sagt es in Gilbert Sorrentinos nicht weniger schlitzohrigem und nicht weniger kultbuchtauglichem Roman *Mulligan Stew*[1]. Sorrentino seinerseits rächt sich, indem er Lamont zu einem Romancier in einem Roman macht. Bei Sorrentino ist Antony (oder, wie der Übersetzer unbegreiflicherweise schreibt: Anthony) Lamont ein Schriftsteller, der ebenso

---

[1] Gildbert Sorrentino, *Mulligan Stew*, Roman, üb. v. Joachim Kalka (Augsburg: Maro 1996).

erfolglos wie unfähig ist, weswegen er sich und anderen einzureden versucht, er sei ein „Avantgardist". Sorrentinos Lamont arbeitet an einem grauenhaft schlechten Manuskript, dessen Protagonisten wiederum präexistente literarische Figuren sind: Ned Beaumont stammt aus Hammetts *Gläsernem Schlüssel*, und Martin Halpin blickt auf einen Ultrakurzauftritt als Fußnotengärtner in *Finnegans Wake* zurück. Beide sind sie vergrätzt über die peinlichen Dialoge, die pornographischen Exzesse und die widersprüchlichen Handlungen, die Lamont ihnen abverlangt, und so beschließen sie, ihrem Autor den Dienst aufzukündigen – auch eine Romanfigur hat schließlich ihr Berufsethos.

Lamont seinerseits hat noch mit anderen Schwierigkeiten zu kämpfen: ein Literaturprofessor, der ihm anfangs Honig um den Bart schmierte, wird zusehends harscher in seinem Urteil über Lamonts Bücher; eine Möchtegernlyrikerin, die Lamont einen Stapel fürchterlichster erotischer Gedichte zur Begutachtung vorgelegt hat, ist nicht das erotische Freiwild, das Lamont sich erhofft hat; vor allem verliert er das Vertrauen in seine Schwester Sheila. Die hat ausgerechnet Lamonts Erzfeind geheiratet, einen Erfolgsschriftsteller, der (Flann O'Brien läßt dauergrüßen!) Dermot Trellis heißt und seine Karriere mit dem pornographischen Machwerk *Der rote Schwan* begründete. Lamont wird zusehends paranoider, glaubt sich einer weltumspannenden Intrige ausgesetzt („Nabokov! Ich zweifele keinen Augenblick daran, daß er auch seine Hand im Spiele hatte beim Ruin meiner Karriere") und glaubt am Ende gar, Trellis habe irgendwie in seinen eigenen Roman eingegriffen.

Das mag sich in dieser raffenden Abschilderung alles arg verwirrend anhören, doch wer sich den erheblichen Wonnen der Lektüre aussetzt, wird kaum Mühe haben, der Hierarchie der Ebenen zu folgen: Sorrentino geht, was die formale Anlage seines Romans betrifft, sogar sehr viel stringenter und durchschaubarer zu Werke als der kauzige O'Brien. Wenn *Mulligan Stew* ein echtes Kabinettstück ist, eine der Bravourleistungen des Romans unserer Tage überhaupt, so liegt das denn auch weniger am Schachtelprinzip der aufbegehrenden Figuren im Roman im Roman, das, wie gesehen, bei seinem irischen Ahnherrn schon voll und ganz entwickelt ist. Die Entscheidung, in *Mulligan Stew* den Roman als Text pur zu inszenieren, geht ebenfalls noch nicht sehr weit über O'Brien hinaus. Auch dort nämlich finden sich einmontierte Briefe, Notizen und sonstige schriftliche Fundstücke aller Art, und Sorrentino hat das Verfahren nur radikalisiert, indem er auf den übergeordneten Erzähler ganz verzichtet: alle Teile von *Mulligan Stew* geben sich als präfabrizierter Text, seien es nun Lamonts Romankapitel, Briefe oder Tagebucheinträge, seien es Halpins Notizen, seien es Texte von dritter Hand, die sich entweder in Lamonts Archiv finden oder die Halpin seinen Notizen als Beleg- und Fundmaterial beigibt.

Das alles ist formal konsequent gehandhabt und trägt dazu bei, *Mulligan Stew* zu so etwas wie einem konkreten Roman zu machen, zu der „totalen Prosa“ und zur „absoluten Realität der Fiktion“, wie sie Sorrentino als sein Ziel benannt hat. Sorrentinos wahre schriftstellerische Virtuosität beginnt aber erst da, wo er stilistisch zum Chamäleon wird, das jede Prosafarbe annehmen kann und keine einzige seine eigene nennt. Qualitativer Höhepunkt der totalen Simulation, die *Mulligan Stew* ist, ist die simulierte Nichtqualität. Ganz so, wie es der zweite große Ahnherr dieses Romans, nämlich James Joyce, im *Ulysses* vorgemacht hat, exerziert Sorrentino gekonnt eine Fülle literarischer und nichtliterarischer Schreibweisen, die – und darin ist Sorrentino noch radikaler als Joyce – nur eines gemeinsam haben: sie sind so entsetzlich schlecht, daß sie nur als Satire zu ertragen sind. Das gilt namentlich für Lamonts Romankapitel, mit denen uns Sorrentino ein ziemlich erschöpfendes Kompendium auktorialer Leerfloskeln („Du brauchst nicht zu antworten, mein lieber Leser"), sprachlicher Klischees („Ach! Oder wie man es einmal ausgedrückt hat: Wohin? Ins Vergessen!"), narrativer Umständlichkeiten („Wir waren, wie ich angedeutet habe, eingetreten") und grotesker stilistischer Mißgriffe („zu ausführlich ins gesellige Glas geschaut") an die Hand gibt. Ein Satz wie „o ja, Max kannte sich aus, mein Gott, was kenn ich mich aus, dachte er" ist selbst als Satire hart an der Grenze, und wir wollen nicht verhehlen, daß das Verfahren mitunter etwas überstrapaziert wird.

Die Stoßrichtung der Satire in *Mulligan Stew* ist vornehmlich der Jahrmarkt der literarischen Eitelkeiten: jene seltsam surreale Sphäre, in der dilettierende Autoren, aufgeblasene Kritiker und leseunfähige Lektoren an allem möglichen interessiert sind, nur nicht an Literatur. Das Glanzstück dieser Satire segelt als Flaggschiff vorneweg, denn das Buch beginnt nicht erst mit Vorsatz- und Titelblatt, sondern vorgeschaltet findet sich ein Packen Ablehnungsschreiben und Lektoratsgutachten *über* Sorrentinos *Mulligan Stew*, die in ihrer ignoranten Borniertheit vermutlich nicht mal reine Erfindung sind – und daß selbst das lobende Lektoratsgutachten, das den Ausschlag für die Publikation gibt, aus den allerfalschesten Gründen lobt, ist leider nur zu branchenüblich.

Wenngleich der satirische Furor *Mulligan Stew* beinahe zur Pflichtlektüre aller Literaturbetriebler macht, wäre das Buch doch viel zu lang geraten, würde es sich darin erschöpfen. (Wer nur auf die Literaturbetriebssatire aus ist, ist mit Sorrentinos früherem Roman *Nehmen wir an, daß es wirklich stimmt* besser bedient.) Die Satire ist in *Mulligan Stew* nur Nebenprodukt der ebenso radikalen wie spielerischen Selbstreferentialität, die Sorrentino inszeniert. Obwohl er seinen Romanbaukasten so angelegt hat, daß er fast alle beliebigen Fremdpartikel aufnehmen kann und gesättigt ist mit Inventarien etlicher Welten von außerhalb, ist *Mulligan Stew* in sich selbst verschlungen wie ein Möbiusband und macht der Roman im Grunde nichts anderes, als unablässig, über sechshundert prallgefüllte Seiten lang, auf das blanke Nichts in seinem Zentrum zu zeigen. Als Leser kommen wir kaum umhin, dieses Zentrum ständig zu vermissen, denn im Unterschied auch zu Sorrentinos anderen Büchern, zu kompakt gebauten und straff gespannten Romanen wie *Steelwork* und *Die scheinbare Ablenkung des Sternenlichts*, besteht *Mulligan Stew* aus nichts anderem als ausfransenden Rändern, die allein von Sorrentinos intellektueller Kälte zusammengehalten werden. Bei der Lektüre sorgt das trotz der spielerischen Virtuosität über weite Strecken für ein diffuses Unbehaben, das wir einfach aushalten müssen – das gehört zum Kalkül Sorrentinos, dessen Ziel nach eigenem Bekunden die „absolute Künstlichkeit“ und die „totale Erfindung“ ist.

Paradoxerweise tragen die unzähligen Zitate und Anspielungen, die Sorrentino in seine Textur verwoben hat, zu der puren Selbstreferentialität sogar noch bei. Kaum eine Seite des Romans kommt ohne versteckten Querverweis auf die gesammelten Schriften von Joyce, von Flann O’Brien und von Sorrentino selber aus, vom Rest der Weltliteratur mal ganz zu schweigen – doch auch das gehört zum Spiel, das *Mulligan Stew* mit sich selbst spielt. Gewiß können wir den vielen immanenten Ebenen des Textes noch eine weitere hinzufügen, wenn wir wissen, daß Tom und Daisy Buchanan aus F. Scott Fitzgeralds *Großem Gatsby* entlehnt sind (und daß Lamonts Lieblingsblume bei Flann O’Brien das Gänseblümchen, englisch *daisy*, ist), wenn wir merken, daß dem innerfiktionalen Autor Jacob, der Joyce nicht mag, mit seinem

Buchtitel *Sublimer Maibock* ein (unwillentliches?) Joyce-Zitat unterläuft oder daß sich hinter den „Theorien von Da Salvi" der Wissenschaftler de Selby aus Flann O'Briens Romanen versteckt – uns entgeht aber nicht wirklich etwas, wenn uns das verborgen bleibt. Die Verweisebenen sind als fakultative angelegt und besagen nie wirklich etwas anderes als das, was der Text über sich selber sagt.

Einer der ablehnenden Lektoren des Vorspanns zitiert Gertrude Stein (die er freilich mit – ausgerechnet! – Galsworthy verwechselt) mit dem zutreffenden Satz: „Bemerkungen sind noch keine Literatur." Bemerkungen sind immer Bemerkungen *über etwas*; *Mulligan Stew* (das wir getrost MS abkürzen können) hingegen ist immer ein Manuskript über sich selbst: ein Roman ist ein Roman ist ein Roman. Der Leser, der noch Leser ist, hat ganz entschieden den Gewinn.

Aufzählungen und Abschweifungen
The Great American Novel von Philip Roth

Wenn ein Autor sein Buch schon im Titel hochstaplerisch als den großen Nationalroman bezeichnet, klingt das sehr nach Arroganz. Philip Roth geht sogar noch einen Schritt weiter, denn seinen Roman *The Great American Novel*[1] führt er vom ersten Satz an parallel zum wirklich größten Roman, der je auf amerikanischem Boden geschrieben wurde: zum *Moby-Dick* von Herman Melville. „Nennt mich Smitty“: Diese Eingangsworte zitieren das „Nennt mich Ishmael“ herbei, mit dem der *Moby-Dick* beginnt. Seinen zweiten Absatz dann leitet Philip Roth durch ein zerdehntes „Ah-bah“ ein, das wohl an Kapitän Ahab erinnern soll, und später im Buch dürfen afrikanische Eingeborene „Omoo! Omoo!“ und „Typee! Typee!“ schreien, womit zwei weitere Bücher Melvilles beim Titel genannt wären.

Die Arroganz, sich mit dem Meister Melville auf eine Stufe zu stellen, dürfen wir allerdings nicht dem Autor Philip Roth in die Schuhe schieben. Vielmehr ist sie die Sache seines innerfiktionalen Helden und Erzählers, jenes Smitty, der mit vollem Namen Word Smith heißt, was sich wohl am besten als „Wörterschmied“ übersetzen ließe. In der Schmiede seiner Seele hält dieser Smitty das Feuer des verkannten Schreiberlings am Lodern, der sich seines vertraulichen Umgangs mit amerikanischen Präsidenten, Sportidolen und Schriftstellern rühmt. Freilich ist das alles lange her; inzwischen sitzt er als Tattergreis im Pflegeheim und versucht, im Wettlauf mit dem Tod eben jenen großen amerikanischen Roman zu schreiben. Den

---

[1] Philip Roth, *The Great American Novel*, Roman, üb. v. Werner Schmitz (München: Hanser 2000).

Auftrag dazu hat er, wie wir im Prolog erfahren, von niemand Geringerem als Ernest Hemingway bekommen. Als Richtmarken für sein Werk nennt er Hawthornes *Scharlachroten Buchstaben* und Mark Twains *Huckleberry Finn*, doch der Modellcharakter dieser klassischen Texte beschränkt sich auf Äußerlichkeiten. Im Hintergrund aber lauert *der Moby-Dick*, dessen ästhetisches Prinzip übernommen wird.

Und dieses Prinzip lautet: Exzeß. Unser Wörterschmied Smitty ist ein „wandelndes Lexikon“, ein exzessiver Buchstabendrechsler, der um die Wonnen der erschöpfenden Aufzählung weiß. Aus dem Stand kann er einen seitenlangen Katalog von Namen oder Begriffen herbeten, die alle mit demselben Buchstaben anfangen, und wo das noch nicht reicht, um stapelweise Seiten zu füllen, da überläßt er sich freudig dem Hang zur Abschweifung. Es kann kaum verwundern, das ein solcher Erzähler bei Melville das ideale Schreibrezept findet. Das Rezept heißt schlicht und einfach: Man nehme ein möglichst abseitiges Thema und handle es in extenso bis in die letzte Verästelung ab, so lange, bis dieses Thema gleichsam den ganzen Kosmos ausfüllt und sinnbildlich alle Grundsatzfragen und wesentlichen Aspekte der Menschenexistenz zu illustrieren vermag. Bei Melville ist dieses abseitige Thema bekanntlich der Walfang; Philip Roth läßt seinen Smitty auf etwas ebenso Heroisches verfallen: auf den Baseball-Sport. Der ist, wie es leitmotivisch heißt, der „nationale Zeitvertreib“ Amerikas und damit für ein Nationalepos besser geeignet, als wir Europäer uns das vorstellen können. Nur geht es dem ehemaligen Sportkolumnisten Smitty gar nicht um ein Epos, sondern um einen Feldzug gegen das Vergessen, und an der Verve, mit der dieser Feldzug betrieben wird, liegt es, daß ihm sein Stoff dabei völlig zerfällt.

Über lange Kapitel türmt Smitty Episode auf Episode und Abschweifung auf Abschweifung, ohne daß daraus auch nur ansatzweise so etwas wie eine zusammenhängende Geschichte würde. Paradoxerweise geht nun aber gerade von dieser Disparatheit, von der stofflichen Partikularisierung des enzyklopädischen Ansatzes eine gewaltige Faszination aus. Smitty will uns alles erzählen, was er (und nur er) über die verschollene Mannschaft der Ruppert Mundys weiß, und über die weiß er schlechthin alles. Ein ganzes Kapitel lang wird eine Spielerbiographie nach der anderen abgehandelt, aber erstaunlicherweise ist das gar nicht ermüdend, sondern artet in einen betörenden Aberwitz aus. Auf umständliche Weise werden Spielsituationen geschildert, und komischerweise muß man sich gar nicht für Baseball interessieren und die Regeln nicht durchschauen, um sich von Smittys Feuereifer anstecken zu lassen. Selbst die Statistiken und Ergebnislisten und mathematischen Formeln, die in den Text Eingang finden, entfalten eine ungeahnte poetische Kraft.

Allmählich schält sich aus den vielen Einzelaspekten freilich doch ein Leitmotiv heraus, und das ist das Jammertal des permanenten Verlierens. Im Kriegsjahr 1943 stellen die Mundys alle Rekorde der Liga auf, allerdings in negativer Hinsicht: Man verliert am laufenden Band und ist bald „der schlechteste Tabellenletzte der Geschichte“. Das rührt nicht zuletzt daher, daß dem Club aus militärischen Gründen das Stadion weggenommen wird, so daß man nur noch Auswärtsspiele hat; und es rührt daher, daß das so genannte Spielermaterial immer schlechter wird und sogar Einarmige, Einbeinige, Kleinwüchsige und Neurotiker mitspielen müssen. Patriotismus und Außenseitertum kollidieren auf gefährliche Weise; die eingefleischten Chauvinisten, die es gewohnt sind, auf „Juden, Nigger, Kommunisten, Krüppel, Zwerge und andere Mißgeburten“ zu schimpfen, werden plötzlich selbst mit Schimpf und Schande überschüttet.

Es ist kein Wunder, daß an dieser Stelle eine „lange Abschweifung über Baseball und Barbarei“ eingeschaltet wird, doch die spielt in Afrika und dient der Ablenkung. Die wahre Barbarei findet unter den amerikanischen Patrioten statt, die sich im eigenen Land ausgegrenzt finden und darauf mit Verschwörungstheorien reagieren. Nachdem der in Ungnade gefallene Starspieler Gil Gamesh aus der Versenkung auftaucht und einen Strudel aus Haß und Mord und Totschlag inszeniert, ist der allgemeine Untergang nicht mehr aufzuhalten. „Aber das ist doch kein Baseball mehr!“, stöhnt mancher Spieler und ist durchaus im Recht: Philip Roth hat sein Thema versenkt wie Melvilles weißer Wal das Schiff von Kapitän Ahab. Was bleibt, sind Trümmer.

Was bleibt, ist aber auch ein Buch, das trickreicher und selbstironischer ist als alles, was Philip Roth je geschrieben hat. Natürlich kommt diese Persiflage auf den nationalen Traum vom großen amerikanischen Roman nicht wirklich mit dem Anspruch daher, ein solcher zu sein – aber in der Raffinesse, mit der *The Great American Novel* alle Großtuerei unterminiert, steckt dann doch eine schalkische Art von Größe. Wenn das Arroganz ist, dann ist es die subversive Arroganz des Tiefstaplers.

Zwei Anfänge und kein Ende
Mark Z. Danielewskis Roman *Only Revolutions* (2006)

Die Wurst hat bekanntlich zwei Enden; dieses Buch[1] hat keines, dafür zwei Anfänge. Heißt: zwei Umschlagvorderseiten, zwei Titelblätter. Auf dem einen steht: „Only Revolutions / von / Sam“; es folgt erstens eine Impressumseite, zweitens eine fast leere Seite mit den drei Wörtern „Du warst da“, drittens eine Seite mit einem seitengroßen S und auf der Seite drauf endlich der eigentliche Textanfang mit einem großen fetten H. Drehe ich das Buch herum, finde ich ein weiteres Titelblatt, auf dem steht: „Only Revolutions / von / Hailey“; es folgt erstens eine weitere Impressumseite, zweitens eine weitere fast leere Seite mit den drei Wörtern „Du warst da“, drittens eine Seite mit einem seitengroßen S und auf der Seite drauf ein weiterer eigentlicher Textanfang mit einem fetten großen S. H und S sind Buchstaben, die ich auch auf den Kopf drehen kann, ohne dass sie sich ändern; dies Buch ist also ein Spiegelbuch mit variierend gespiegeltem Text oder vielmehr zwei Spiegeltexten, die sich von verschiedenen Enden, nein, Anfängen her ineinander schieben. (In Klammern sei verraten, dass es insgeheim doch ein Ende gibt, zwei Enden, kopfstehend unter dem Impressum des jeweils anderen Textes; dieses Ende lautet beide Male: „Mindestens haltbar bis Jetzt“.)

---

1 Mark Z. Danielewski, *Only Revolutions*, Roman, üb. v. Gerhard Falkner und Nora Matocza (Stuttgart: Tropen 2012).

Worin besteht der Scherz eigentlich?
Donald Antrims Storysammlung *Das smaragdene Licht in der Luft* (2014)

Verkrachte Existenzen sind sie alle, die vom Leben gezeichneten Figuren in den Geschichten[1] des amerikanischen Erzählers Donald Antrim. Sie sind überfordert vom Leben als solchen, beschädigt von Ansprüchen, denen sie nicht gerecht zu werden vermögen, Ansprüchen, die ihre Mitmenschen an sie stellen und eigentlich vor allem sie selbst. Es sind durchgängig Figuren aus der intellektuellen und der akademischen Welt, folglich spielen sich die Probleme vornehmlich im Kopf ab, das Hauptproblem liegt wohl darin, die Dinge im Kopf in Einklang zu bringen mit dem, was außerhalb abläuft – im Rest des Körpers und in der Welt ringsum. Zwei Berufssphären vor allem sind es, denen Antrims Figuren entstammen. Die einen sind entweder Anwälte oder Psychiater, aufgrund ihrer Profession also eigentlich dazu da, sich mit den Problemen anderer zu beschäftigen und sie zu lösen – ob sie dazu wirklich imstande sind, erfahren wir nicht, denn in diesen Storys erleben wir sie nur beim Kampf mit den jeweils eigenen Defiziten. Die anderen sind Künstler oder möchten es zumindest sein, sie schreiben oder malen oder schauspielern oder musizieren, ohne damit je reüssieren zu können. Von außen gesehen sind sie Versager.

Von außen sehen wir sie allerdings nicht in diesen Storys, wir erleben sie aus der Innenschau: Den Schauspielprofessor, der eine Studenteninszenierung des *Sommernachtstraums* dazu mißbraucht, der verlorenen

[1] Donald Antrim, *Das smaragdene Licht in der Luft*, Storys, üb. v. Nikolaus Stingl (Reinbek: Rowohlt 2015).

eigenen Jugend nachzujagen und sich in einer drogenbefeuerten Orgie seinen Studentinnen zu nähern. Den Möchtegernautor, dessen Ausflug mit dem kleinen Sohn der derzeitigen Partnerin statt im Zoo am Kneipentresen endet. Das Pärchen aus den Randzonen der Filmbranche, das die Wochenenden in den Betten von Bekannten vervögelt, weil es keine gemeinsame Bleibe hat. Den betrogenen und betrügenden Ehemann, der seiner Frau einen Blumenstrauß kaufen will und in den Strudel eines Fiaskos ohne Ende gerät. Den alternden Schauspieler, der seine Frau mit Shoppingtouren und Medikamenten zu beruhigen versucht. Den Partyschmarotzer, der zwischen Ex- und aktueller Freundin die Orientierung verliert. Den Bildhauer, der mit den „suizidalen Nachwirkungen" eines Katastrophenjahres kämpft und sein ererbtes Auto halb im Bach versenkt.

Die suizidalen Tendenzen sind nur ein Bestandteil des zerstörerischen Cocktails, den fast alle Figuren schlürfen. Alle leiden sie an ihrer Herkunft, an den Nachwirkungen verschiedener Formen des Mißbrauchs durch tote und doch immer noch ihr Leben bestimmende Eltern. Alle bekämpfen sie ihre „normale, tägliche Last von Schrecknissen" mit diversen Mittelchen, konsumieren Alkohol oder Joints, schlucken Antidepressiva, Betablocker, Valium. Daß sie damit ihre „kreativen Akkus" wieder aufladen wollen, ist eine Floskel, an die sie selbst nicht glauben; ihr Ziel ist viel bescheidener, es geht darum, irgendeinen Halt zu finden. Zu diesem Zweck schaffen alle Figuren kleine „Traditionen", definieren die isolierten Elemente ihrer Existenz als „feste Bestandteile ihres Repertoires", leben nach geheimen „Hauptregeln", die sie unweigerlich verletzen, aber möglichst nicht allzu oft. Auf diese Weise gelingt es ihnen, ihre „Überzeugung [...], irgendwie nie wieder ins Lot zu kommen", zu überspielen und sich „im Reinen" zu fühlen, dies allerdings „nur einen Moment lang".

All diese Gefühlslagen müßten bei der Lektüre bedrückend wirken, kämen wir wirklich so dicht an die Figuren heran, wie die stets vorherrschende subjektive Erzählperspektive uns glauben machen möchte. Genau das kann uns aber nicht gelingen, weil die Figuren selbst in sich eine fast durchgängige Distanziertheit errichten und dafür Sorge tragen, daß weder sie selbst noch ein Außenstehender je zum Kern ihrer individuellen Problematik vorstoßen kann. Ob es einen solchen Kern überhaupt gibt oder im Inneren der Figuren wie auch der Prosa, die wir hier lesen, womöglich nur eine große Leere herrscht, ist eine Frage, deren Beantwortung schwerfällt.

Donald Antrim schreibt eine Prosa, die einerseits zu langen, oft verschachtelten und fast umständlichen Sätzen neigt, andererseits aber doch hell und klar wirkt – wir vergessen fast, daß zwischen uns und dem Geschehen diese Sprache steht. Dieses Mysterium einer nüchtern und unaufdringlich wirken wollenden Sprache, die sich bei genauerem Hinsehen doch immer wieder als aus dem Lot geraten entpuppt, entspricht recht genau der Verfassung der Figuren, die vergebens versuchen, sich hinter ihrer Alltagsnormalität zu verstecken. Daß sie darin scheitern, führt zu jenen grotesken Situationen, die den eigentlichen Reiz von Antrims Texten ausmachen. Etwas geht schief, zunächst gar nicht so sehr, aber es genügt, um die Realität auf eine Weise zum Kippen zu bringen, die nicht nur abgrundtief traurig ist, sondern auch irgendwie lächerlich. Es gibt bei der Lektüre immer wieder Stellen, an denen wir unwillkürlich lachen müssen und uns – mit den Worten einer Figur – gleichzeitig fragen: „Aber worin bestand der Scherz eigentlich?“

Der Frage, worum es eigentlich geht, weichen nicht nur die Figuren aus, Donald Antrims Prosa tut es ebenso. Die eigentlichen Rätsel der Texte bleiben sämtlich ungeklärt, es läßt sich nicht einmal vermuten, ob hinter den Rätseln überhaupt eine Lösung verborgen liegt oder vielleicht doch nur ein blankes Nichts. In dieser Hinsicht spielt Donald Antrim eine Kunstfertigkeit höchsten Grades aus; ob das Ergebnis deshalb schon hohe Erzählkunst ist, mag man allerdings bezweifeln.

Zumindest läßt sich sagen, daß Antrim weiß, was hohe Erzählkunst ist, denn gelegentlich spielt er untergründig auf Kollegen an, die diese beherrschen. Den Verdacht, der Blumenkauf in „Noch ein Manhattan“ solle den Blumenkauf in Virginia Woolfs *Mrs Dalloway* aufrufen, bestätigt die Schlußwendung, der Protagonist bekomme in der Psychiatrie „a room of his own“ – zweifellos angelehnt an Woolfs Essay *A Room of One's Own* (was Antrims Übersetzer mit der Eindeutschung „Dann brachte sie ihn in sein Zimmer“ leider jeder Nachvollziehbarkeit beraubt). Allerdings ist die literaturgeschichtliche Anknüpfung rein inhaltlicher Natur; auf die von Virginia Woolf und ihren Zeitgenossen entwickelten Techniken der Bewußtseinsdarstellung verzichtet Donald Antrim ganz und gar, was dazu beiträgt, dass seine Prosa gerade in ihrer Klarheit so unbeteiligt und deshalb so lust- und leidenschaftslos daherkommt.

Nachweise

„Amerikanischer Aufbruch“: Erweiterung der Rezension „Wiederholung ist das Ganze des Lebens“ aus der *Basler Zeitung* vom 20. April 1990.

„Lektürelektionen“: Nachwort zu Gertrude Stein, *Lektionen für Baby. Texte 1913-19*, hg. u. üb. v. Friedhelm Rathjen (Südwesthörn: Edition ReJoyce 2017).

„Mutter der amerikanischen Moderne“: Zusammenschrift von Teilen zweier Rezensionen: „Sinnreduktion“ aus *frontal. Magazin für Hochschule, Politik & Kultur* 27.5 (September / Oktober 1987) und „Duales System Stein“ aus der *Süddeutschen Zeitung* vom 7. November 1998.

„Rezepte für Gertrude“: Zusammenschrift teils modifizierter Fassungen folgender Rezensionen: „Leben in Bildern“ aus der *Zeit* vom 15. Juni 1990, „Duales System Stein“ (Teilabschnitt) aus der *Süddeutschen Zeitung* vom 7. November 1998, „Gertrude und Alice“ aus der *Neuen Zürcher Zeitung* vom 12. Mai 2009 und „Barsch für Picasso“ aus der *Frankfurter Rundschau* vom 12. Oktober 1994.

„Das Experiment lief“: Erstdruck u.d.T. „Experimente am lebenden Objekt“ in der *Neuen Zürcher Zeitung* vom 26. Februar 2008.

„Im Räderwerk des Krieges“: Rezension, ausgestrahlt am 1. Mai 1987 im 3. Hörfunkprogramm des Norddeutschen Rundfunks.

„Blut, Schweiß und keine Tränen“: Erstdruck in der *Neuen Zürcher Zeitung* vom 28. Juni 2008.

„Hölle aus Ohnmacht und blinder Wut“: Erstdruck in der *Neuen Zürcher Zeitung* vom 6. September 2014.

„Unsäglich zuwider“: Erweiterung der Rezension „Den Menschen bei der Seele packen“ aus der *Neuen Zürcher Zeitung* vom 17. Juni 2017.

„Falsche Füchse, phallische Pferde“: Erstdruck in der *Süddeutschen Zeitung* vom 12. Januar 1991.

„‚Die Geschichte? Stets dieselbe.‘“: Zusammenschrift dreier Rezensionen: „Gegen eine Rhetorik des Schweigens“ aus der *Frankfurter Rundschau* vom 22. Juni 1991, „Zur Ganzheit der eigenen Existenz parallel“ aus der *Basler Zeitung* vom 30. September 1992 und „‚Mir ist die Realität scheißegal‘“ aus der *Basler Zeitung* vom 15. August 1997.

„Die Wonnen der Künstlichkeit“: Erstdruck in der *Zeit* vom 14. Februar 1997.

„Aufzählungen und Abschweifungen“: Erstdruck u.d.T. „Baseball oder Das Jammertal des permanenten Verlierens“ in der *Basler Zeitung* vom 15. Dezember 2000.

„Zwei Anfänge und kein Ende“: Erstpublikation in *literaturkritik.de* 12 (Dezember 2015).

„Worin besteht der Scherz eigentlich?“: Erstdruck u.d.T. „Viel Schwindel und wenig Gefühle“ in der *Neuen Zürcher Zeitung* vom 8. März 2016.